Die leckersten Smoothies & Powerdrinks

Ratgeber

Die leckersten Smoothies & Powerdrinks

- Herstellung
- Geschmack
- Wirkung

garant

Impressum

© garant Verlag GmbH, Renningen, 2014
Konzeption, Layout und Produktion:
Budde Medien, Dortmund
Texte: Alexandra Sgro
ISBN 978-3-86766-580-3

Erfahren Sie mehr!

Vorwort

Liebe Leserin, lieber Leser,

Smoothies und Powerdrinks sind Gesundheit pur – vorausgesetzt, sie werden richtig zubereitet und nicht als einzige Nahrungsquelle verwendet. Die sogenannten Ganzfruchtgetränke erfreuen sich seit längerer Zeit in den USA großer Beliebtheit und sind inzwischen auch hierzulande weitverbreitet. Im Gegensatz zu Fruchtsäften wird bei Smoothies die ganze Frucht bis auf Schale und Kerne verarbeitet.

In diesem Buch finden Sie zahlreiche Rezepte für leckere Smoothies, die Sie ganz einfach selbst zubereiten können. Je nach Saison und Geschmack können Sie zwischen Smoothies aus Obst, aus Gemüse, aus beidem, aus sogenannten grünen Smoothies, solchen auf Milchbasis und Smoothies mit Pfiff wählen. Alle Zutaten werden ausführlich beschrieben und häufig mit praktischen Tipps ergänzt. Nutzen Sie die Vitaminvielfalt der Natur, die auch noch gut schmeckt.

Ein Glossar am Ende des Buches gibt in alphabetischer Reihenfolge die wichtigsten Informationen über alle Sorten. Wir wünschen Ihnen viel Spaß beim Selbermachen und allseits gute Gesundheit und Fitness!

Die Redaktion

Inhalt

Einleitung

Die Idee der Smoothies verbreitete sich von den USA ausgehend in die übrige Welt. Ein Smoothie mit einer Füllmenge von 250 ml ersetzt zwei Portionen Gemüse oder Obst. Es können alle Zutaten gemischt werden, die schmecken und gesund sind. Anders als bei herkömmlichen Fruchtsäften werden die gesamten Früchte und Gemüsesorten bis auf Schale und Kerne verarbeitet. Dafür sind kleine Küchenhelfer wie Schäler, Messer, ein hohes Gefäß, Mixer und Stampfer erforderlich.

Smoothies made in USA

Ihren Ursprung haben Smoothies, die vor wenigen Jahren auch bei uns in Deutschland zum neuen Trendgetränk avancierten, in den USA. Saftbars erfreuen sich dort bei Jung und Alt seit geraumer Zeit großer Beliebtheit. Bereits 1926 eröffnete Julius Freed in Los Angeles die erste Saftbar, 1929 folgte der Aufbau der Kette Orange Julius, deren Filialen inzwischen auch außerhalb der Vereinigten Staaten von Amerika, u. a. in Hongkong und Singapur, zu finden sind. Die rasante Zunahme von Saftbars in den USA zu Beginn des neuen Jahrtausends ist dem allgemeinen Wunsch nach einer gesunden Lebensweise, fernab der beliebten Fast-Food-Ketten und Kaffeebars, geschuldet. Nicht

nur die US-Amerikaner sehnen sich seit einigen Jahren vermehrt danach, statt fettiger Burger und kalorienhaltiger Softdrinks gesunde Lebensmittel und Speisen geboten zu bekommen. Auch in Großbritannien erleben Saftbars und ähnliche Lokalitäten seit einigen Jahren einen regelrechten Boom. Inzwischen eröffnen auch in Deutschland, vor allem in Einkaufszentren sowie an Bahnhofsvorplätzen, immer mehr Stände, die frisch gepresste Frucht- und Gemüsesäfte sowie Smoothies in verschiedenen Geschmackskombinationen anbieten. Im Supermarkt sind die kleinen Powerdrinks, die von verschiedenen Anbietern vertrieben werden, in unzähligen Variationen ebenfalls erhältlich.

Keine halben Sachen

Smoothies stellen im engeren Sinne eine Abwandlung der allseits beliebten frisch gepressten Fruchtsäfte dar. Statt die verschiedenen Obst- und Gemüsesorten nur auszupressen und die einzelnen Säfte nach Belieben miteinander zu vermischen, werden für Smoothies bis auf die Schale und den Kern die kompletten Früchte sowie Gemüsesorten verarbeitet. So gelangt z. B. nicht nur der Saft einer Orange in den Powerdrink, sondern auch das gesamte Fruchtfleisch, häufig in pürierter Form. Der englische Begriff smooth bedeutet so viel wie eben, glatt, fein. Die Bezeichnung verweist auf die sämige Konsistenz der Powerdrinks. Sie werden häufig mit Wasser, Milch oder verschiedenen Fruchtsäften aufgefüllt, damit sie besser getrunken werden können. Neue Kreationen enthalten statt der Säfte Buttermilch, Kefir oder Joghurt. Der Saftanteil beträgt meist zwischen 40 und 50 Prozent. In vielen Saftbars

werden die einzelnen Smoothies zusätzlich mit Eis sowie mit tiefgefrorenen Früchten angereichert. Bisher gibt es keine genauen Richtlinien und Vorschriften, aus welchen Komponenten ein Smoothie bestehen muss. Es dürfen sämtliche Zutaten, die lebensmittelrechtlich erlaubt sind, verarbeitet werden. So können industriell hergestellte Smoothies mitunter Süßstoffe, Zucker sowie Aroma- und Farbstoffe enthalten.

Kleine Zwischenmahlzeit

Die Deutsche Gesellschaft für Ernährung e. V. empfiehlt den täglichen Verzehr von ca. 400 g Gemüse und bis zu 250 g Obst. Ein Smoothie mit einer Füllmenge von 250 ml ersetzt zwei Portionen Gemüse oder Obst. Rund die Hälfte des Tagesbedarfs an Obst und Gemüse wird so abgedeckt. Da jedoch die Schale in der Regel nicht mitverarbeitet wird, gehen wichtige Inhaltsstoffe verloren. Sie werden, neben sekundären Pflanzenstoffen und Nährstoffen, hingegen durch den Verzehr von frischem Obst oder Gemüse aufgenommen. Unverarbeitetes Obst und Gemüse weist zudem eine geringe Energiedichte auf, der Kalorienanteil ist dementsprechend niedrig. Durch das Kauen von Obst oder schonend gegartem Gemüse wird ein

höheres Sättigungsgefühl erreicht. Auch das größere Volumen von frischem Obst und Gemüse gegenüber Smoothies trägt dazu bei, dass wir uns schneller satt fühlen. Der Magen füllt sich besser aus, wir sind länger mit dem Kauen beschäftigt. Smoothies eignen sich daher am besten als Zwischenmahlzeit und nicht als dauerhafter Ersatz für den täglichen Obst- und Gemüseverzehr. Nur so kann garantiert werden, dass vom Körper wichtige Nährstoffe aufgenommen werden. Aus diesem Grund sollte bei der Zubereitung von Smoothies darauf geachtet werden, dass der Saftanteil nicht allzu hoch ausfällt, denn je mehr Fruchtsaft verwendet wird, desto geringer ist der Anteil an sekundären Pflanzenstoffen und Ballaststoffen im Getränk. Da die Powerdrinks einen hohen Anteil an fruchteigenem Zucker aufweisen, sollten sie Kindern nicht als Durstlöscher gereicht werden. Generell werden Smoothies von Ernährungsexperten nicht als Getränk, sondern eher als kleine Mahlzeit angesehen.

Alles ist erlaubt

Da es keine Richtlinie für die Zusammensetzung von Smoothies gibt, kann alles verarbeitet werden, was schmeckt. Beliebt sind leicht zu pürierende Obst- und Gemüsesorten wie Bananen, Erdbeeren, Himbeeren, Gurken und Spinat. Inzwischen haben auch sogenannte grüne Smoothies immer mehr an Beliebtheit gewonnen. Bei ihnen handelt es sich um eine Mischung aus Obst, Wasser und grünem Blattgemüse. Dies kann beispielsweise Feldsalat, Mangold, Radicchio oder Chinakohl sein. Auch Gartenkräuter wie Dill, Basilikum oder Melisse sind häufig Bestandteil eines grünen Smoothies, genauso wie Löwenzahn, Sauerampfer, Bärlauch und Brennnessel. Die Idee zu den bitterstoffreichen Smoothies hatte die in den USA lebende Russin Victoria Boutenko, die unter einer Herzkrankheit leidet. Für sich und ihre ebenfalls von verschiedenen Gebrechen geplagte Familie suchte sie nach einer

natürlichen Heilmethode, die Linderung versprechen sollte. In Anlehnung an das Essverhalten von Schimpansen, die Blattgemüse mit Früchten verspeisen, ersann sie die Smoothies.

Ohne Mixer geht nichts

Um verschiedene Smoothies in der heimischen Küche selbst herstellen zu können, reicht in der Regel ein handelsüblicher Stabmixer mit durchschnittlicher Leistung aus. Bananen, Orangen, Kirschen, Feldsalat und ähnliche weiche Obst- und Gemüsesorten, die einen hohen Wasseranteil aufweisen, lassen sich auf diese Weise innerhalb kürzester Zeit pürieren. Sorten mit einer festeren Struktur wie z. B. Ananas, Äpfel oder Mangos, die vor der Verarbeitung am besten sehr klein geschnitten werden sollten, bedürfen eines leistungsfähigeren Stabmixers oder Standmixers. Inzwischen werden im Handel sogar spezielle Smoothie Maker angeboten, deren Mixbehälter auch direkt als Trinkgefäß genutzt werden können. Sollte ein schwächerer Stabmixer verwendet werden,

verlängert sich die Zubereitungszeit. Sie hat wiederum Auswirkung auf die Vitalstoffe. Durch das längere Mixen entsteht Wärme, die den hitzeempfindlichen Vitalstoffen nicht zuträglich ist. Falls kein Profimixer zur Hand ist, kann der Wärmeentwicklung durch das Füllen des Glases auf einfache Art mit Eiswürfeln entgegengewirkt werden.

Kleine Küchenhelfer

Da beim Pürieren der Obst- und Gemüsesorten schnell ein paar Spritzer entstehen können, empfiehlt es sich, den Smoothie in einem hohen Gefäß zuzubereiten. Ein Sparschäler leistet beim Schälen von Möhren und Äpfeln gute Dienste, für das mühsame Kleinschneiden fester Sorten sollte ein scharfes Küchenmesser zur Hand sein. Falls einige Früchte übriggeblieben sind und man keinen industriellen Fruchtsaft verwenden möchte, können sie mithilfe einer Saftpresse oder mit einem Entsafter ausgepresst und so kann im Handumdrehen Saft für den Smoothie gewonnen werden. Sieht das Rezept Leinsamen vor, können sie in einem Mörser oder in einer Kaffeemühle zerkleinert werden.

OBST-SMOOTHIES

Obst-Smoothies sind die Klassiker unter den Powerdrinks, denn der Fantasie sind keine Grenzen gesetzt. Beliebte Fruchtsäfte zum Auffüllen sind Apfel-, Orangen- und Ananassaft. Abgerundet werden Obst-Smoothies gern mit etwas Honig oder ein paar Tropfen Ahornsirup. Generell sollten Obst-Smoothies direkt nach der Zubereitung verzehrt werden, damit wichtige Vitamine und Mineralstoffe nicht verloren gehen.

Ananas-Mango

An heißen Sommertagen sind Ananas-Mango-Smoothies die perfekten Erfrischungen, denn Ananas sind hocharomatisch und gelten als eine der saftreichsten Südfrüchte. In grauen und tristen Wintermonaten sorgt der Verzehr von Ananas für gute Laune, denn die „Königin der Früchte“ enthält zahlreiche Stoffe, die bei uns ein positives Gefühl hervorrufen. Nicht nur auf die Stimmung wirkt sich der Genuss eines Ananas-Mango-Smoothies aus, auch dem Körper tut er Gutes: Das in der Ananas enthaltene Enzym Bromelain sorgt dafür, dass die körpereigene Elastinbildung im Bindegewebe angeregt wird und die Haut geschmeidig bleibt. In Kombination mit Mangofruchtfleisch sind Ananas die perfekten Lieferanten ver-

Ananas-Mango

Zutaten für 4 Portionen: 1 Ananas, 1 Mango, 300 ml Ananassaft, 4 EL Rohrzucker, 4 EL Zitronensaft, 1 TL Zimt.

Zubereitung (ca. 15 Minuten): Mit einem großen scharfen Messer die Schale von oben nach unten von der Ananas schneiden. Den Strunk herausschneiden, das Fruchtfleisch würfeln. Mango schälen und links und rechts vom harten Kern zwei gleich große Teile abschneiden. Mit einem Löffel das Fruchtfleisch aus den beiden Hälften lösen, dabei nah an der Schale entlangfahren. Fruchtfleisch herausheben und klein schneiden. Ananaswürfel und Mangofruchtfleisch kurz pürieren. Ananassaft, Rohrzucker, Zitronensaft und Zimt zufügen und alles gut pürieren.

schiedener Mineralien und Spurenelemente wie z. B. Jod, Zink, Kalzium, Phosphor und Magnesium. Sie sorgen dafür, dass wir uns gesund und fit genug fühlen, um jeden Tag neue Aufgaben angehen zu können.

Gut verträglich

Auch für Personen, die über einen Reizmagen klagen oder ähnliche Verdauungsprobleme haben, ist der Ananas-Mango-Smoothie genau das Richtige. Ananas regen den Stoffwechsel an und unterstützen die Entsäuerung; der Säure-Basen-Haushalt wird durch die im Obst enthaltenen Stoffe reguliert.

Ist er unausgeglichen, hat dies meist negative Auswirkungen auf die eigene Befindlichkeit. Nach dem Genuss eines Ananas-Mangos-Smoothies hebt sich jedoch die Stimmung. Der Verzehr von Mangos beeinflusst ebenfalls die Darmtätigkeit und hilft bei Magen-Darm-Problemen. Die säurearme Frucht ist leicht verträglich. Der Duft und die Konsistenz, nicht die Färbung der Schale, verraten, ob die Südfruchte, die im Ursprungsland Indien als „göttliche Frucht“ verehrt werden, reif sind. Mangos am besten frisch kaufen, da sie nicht nachreifen.

Tipp

Die Ananaskrone nicht entsorgen, sondern in einen Topf mit ausreichend Wasser stellen. Mit viel Glück sprießen neue Wurzeln und in der nächsten Saison können Babyananas genossen werden.

Apfel-Birnen

Der besonders sämige Smoothie kann das ganze Jahr über frisch zubereitet werden, denn Lageräpfel und -birnen, die von den heimischen Erzeugern in der Regel in klimatisierten Hallen mit einer Temperatur zwischen 0,5 und 5 Grad Celsius aufbewahrt werden, können noch lange nach der Ernte in den hiesigen Supermärkten erstanden werden. Der Nachreifeprozess wird auf diese Weise um rund drei Monate verzögert. Alternativ finden sich zahlreiche Apfel- und Birnensorten aus Ländern wie Chile und Argentinien in den Regalen. Äpfel – mit einer jährlichen Verzehrrate von 17 Kilo pro Kopf des Deutschen liebste Obstsorte – sollten vor der Verarbeitung aus dem Kühlschrank geholt und einige Stunden bei Zimmertemperatur aufbewahrt werden, damit sie ihr volles Aroma entfalten können.

Apfel-Birnen

Zutaten für 4 Portionen: 3 Äpfel, 2 Birnen, 100 ml Apfelsaft, 200 ml Birnensaft, bei Bedarf Eiswürfel oder crushed ice.

Zubereitung (ca. 15 Minuten): Äpfel und Birnen waschen, schälen, vierteln und vom Kerngehäuse befreien. Sollen wichtige Inhaltsstoffe erhalten bleiben, Äpfel und Birnen inklusive Schale klein schneiden. In diesem Fall wird der Apfel-Birnen-Smoothie jedoch etwas fester. Obststückchen pürieren und Smoothie mit Apfel- und Birnensaft auffüllen. Den Powerdrink erneut pürieren und nach Belieben mit Eiswürfeln oder crushed ice kühlen.

Vielfalt ohne Ende

In den Herbstmonaten kann für den Powerdrink auf frisch gepflückte Äpfel und auch Birnen, die je nach Sorte den Geschmack beeinflussen, zurückgegriffen werden. Apfelsorten wie Braeburn, Jonagored, Boskop und Cox Orange weisen eine säuerliche Note auf, einen süßlichen Geschmack verströmen beispielweise die Sorten Jonagold, Gala und Golden Delicious. Nicht nur Apfelsorten gibt es in Hülle und Fülle in Deutschland, auch zwischen 25 verschiedenen Birnensorten kann gewählt werden. Einen würzigen Eindruck hinterlässt die Sorte Conference, die allseits beliebte Williams-Christ-Birne ist für ihren süßen Geschmack bekannt. Leicht säuerlich muten die Birnensorten Liebling und Köstliche von Charneux an. Bereits der tägliche Verzehr eines Apfels sorgt dank der im Obst enthaltenen löslichen und unlöslichen Ballaststoffe dafür, dass der Cholesterinspiegel gesenkt wird. Birnen enthalten viel Kalium, das sich positiv auf den Wasserhaushalt auswirkt.

Tipp

Frische Äpfel sind an ihrer glänzenden, prallen Schale zu erkennen. Birnen mit Druckstellen sollten gemieden werden.

Aprikosen-Galiamelone

Perfekt für kleine Schleckermäuler ist der Aprikosen-Galiamelonen-Smoothie. Für den süßen Geschmack sorgt die Galiamelone, die zur Gruppe der Netzmelonen zählt und eine Variante der Zuckermelone darstellt. Sie sind vor allem für ihr aromatisch-süßes Fruchtfleisch bekannt. Die zur Familie der Kürbisgewächse zählende Galiamelone, die vorwiegend in Italien, Israel, Frankreich, Spanien und Portugal angebaut wird, hat im Sommer Hochsaison. Ein perfekter Zeitpunkt, denn ergänzt durch Eiswürfel und einem Hauch Zitrone wirkt der Aprikosen-Galiamelonen-Smoothie belebend an den schweißtreibenden Sommertagen. Wer auch außerhalb der Sommermonate nicht auf den Powerdrink verzichten möchte, hat Glück: In Südamerika, Südafrika und Neuseeland wird die Melone ebenfalls angebaut. Das Fruchtfleisch der Galiamelone ist weißlich-grün gefärbt. An der gelben Schale ist zu erkennen, ob die Netzmelone reif ist. Ist sie auffällig glatt und weist nur eine geringe Netzstruktur auf, sollte sie noch ein wenig länger liegen.

Tipp

Die angeschnittene Galiamelone sollte mit Frischhaltefolie bedeckt im Kühlschrank aufbewahrt und nach 2–3 Tagen verzehrt werden.

Stets hellwach

Die Aprikosen im Powerdrink sorgen für eine gesteigerte Aufmerksamkeit, denn dem Obst wird nachgesagt, dass es Müdigkeit bekämpft und die Konzentrationsfähigkeit fördert. Doch damit nicht genug, Aprikosen weisen einen hohen Karotingehalt auf. Karotin beugt Tumorbildungen vor und soll vor Krebs schützen. Zugleich stärkt es das Immunsystem und schützt die Haut vor UV-Strahlen. Wie auch Galiamelonen können Aprikosen, die ursprünglich aus Nordchina stammen, in Deutschland im Sommer genossen werden, denn die Ernte früher Sorten beginnt in Spanien und Marokko im Mai. In vielen Ländern wie Italien, Frankreich, Griechenland und der Türkei ist die Hauptsaison im Juni. Die Bergeronsorte aus Frankreich enthält wenig Fruchtsaft, ist dafür aber sehr aromatisch.

Aprikosen-Galiamelone

Zutaten für 4 Portionen: 250 g Galiamelone, 3 Aprikosen, 1 Zitrone, Eiswürfel oder crushed ice.

Zubereitung (ca. 15 Minuten): Galiamelone mit einem langen scharfen Messer in zwei Hälften teilen. Fruchtfleisch heraustrennen und in kleine Stücke schneiden. Aprikosen waschen, mit kochendem Wasser übergießen und Schale abziehen. Mit einem Messer an der Naht entlangfahren und die Aprikosen teilen. Kerne durch Drehbewegungen entfernen. Aprikosen anschließend klein schneiden. Die Zitrone auspressen, den Saft zu den anderen Zutaten geben. Gefäß mit Eiswürfeln oder crushed ice auffüllen und Zutaten mixen.

Granatapfel-Bananen

An gemütliche Stunden vor dem Kamin erinnert der süß-säuerliche Powerdrink mit der auffällig herben Note. Schuld daran hat der Granatapfel, der inzwischen fester Bestandteil der vorweihnachtlichen Küche ist, denn er passt zu herzhaften und süßen Gerichten gleichermaßen. Im September gelangen Granatäpfel in den Handel, einige Exemplare sind bereits ab Juni erhältlich. Einem frühzeitigen Genuss des Granatapfel-Bananen-Smoothies steht also nichts im Wege. Die Südfrüchte sind die perfekte Mahlzeit für zwischendurch, denn sie gelten als besonders kalorienarm. Gleich-

Granatapfel-Bananen

Zutaten für 4 Portionen: 1 Granatapfel, 2 Bananen, 1 EL Zitronensaft, 4 Blätter Minze, 200 ml Orangensaft, 200 ml Maracujasaft.

Zubereitung (ca. 10 Minuten): Granatapfelkerne herauslösen. Hierfür eine Spalte aus der Frucht herausschneiden. Mit leichtem Druck den Granatapfel auseinanderbrechen und die Kerne herausdrücken. Bananen schälen, klein schneiden und mit Zitronensaft beträufeln. Minzeblätter waschen, trocken tupfen und fein hacken. Granatapfelkerne, Bananenstückchen sowie Minzeblätter zusammen mit Orangen- und Maracujasaft pürieren.

zeitig fördern die appetitanregenden Bitterstoffe im Granatapfel die Verdauung. Der Powerdrink ist genau das Richtige, wenn nach den Weihnachtsfeiertagen ein paar Pfunde purzeln sollen, denn den Früchten wird nachgesagt, dass sie die Fettverdauung ankurbeln. Wer sich in der Vorweihnachtszeit leicht gestresst fühlt, sollte sich einen Granatapfel-Bananen-Smoothie gönnen, denn Granatäpfel verhindern einen hohen Blutdruck.

Süß trifft sauer

Die Bananen im Smoothie sorgen dafür, dass sich bereits nach wenigen Schlucken ein Sättigungsgefühl einstellt. Vor allem die in leicht grünlichen Bananen enthaltene Stärke sättigt; der Smoothie ist die ideale Mahlzeit für zwischendurch. Doch statt durch den Verzehr der Bananen in Trägheit zu verfallen, verhelfen sie dank ihres Fruchtzuckers zu einem kleinen Energiekick. Gelbe Bananen sind natürliche Süßungsmittel, denn sie schmecken deutlich süßer als ihre grünlichen Kollegen. Sollen jene noch nachreifen, sollten sie nicht im Kühlschrank, sondern bei Zimmertemperatur gelagert werden. Einen angenehmen Gegenpart zu den süßlichen Bananen und dem Maracujasaft bilden der Hauch Zitrone und die würzigen Minzeblätter. Die belebenden Blätter verleihen dem Smoothie das gewisse Extra.

Himbeeren-Pfirsich

Der Himbeeren-Pfirsich-Smoothie ist wie gemacht für schwüle Sommermonate, denn Pfirsiche spenden aufgrund ihres hohen Saftanteils angenehme Erfrischung. Bereits ab Ende April sind die ersten Sorten, die aus Spanien und Marokko importiert werden, im Handel erhältlich. Wer sich noch ein wenig gedulden kann, wartet bis zum Juni, dann findet die Haupternte in Europa statt. Die Pfirsiche schmecken zu diesem Zeitpunkt weitaus aromatischer. Bis zum Monat September können die kalorienarmen Früchte genossen werden. Die gelb-, weiß- und rotfleischigen Pfirsichsorten lassen sich aufgrund ihres weichen Fruchtfleisches ohne große Schwierigkeit pürieren. Der Smoothie ist im Handumdrehen zubereitet. Dies ist nicht der einzige Grund, warum

Himbeeren-Pfirsich

Zutaten für 4 Portionen: 3 Pfirsiche, 250 g Himbeeren, 1 Zitrone, 300 ml Apfelsaft.

Zubereitung (ca. 10 Minuten): Pfirsiche rund um den Kern einschneiden. Die Frucht in beide Hände nehmen und die Hälften gegeneinander drehen. Eine Hälfte abheben, die andere vom Kern befreien. Pfirsichhälften schälen und klein schneiden. Himbeeren verlesen und vorsichtig waschen. Zitrone auspressen und Saft zu den Früchten geben. Gemisch pürieren, mit Apfelsaft auffüllen und erneut mixen.

Pfirsiche so beliebt sind, sie stärken zudem das Immunsystem sowie das Herz. Darüber hinaus kräftigt das süßliche Obst die Gefäße und den Kreislauf.

Frisch oder tiefgefroren?

Je nach Jahreszeit kann für den Himbeeren-Pfirsich-Smoothie auf zwei verschiedene Himbeersorten zurückgegriffen werden: Sommer- und Herbsthimbeeren. Während die Sommerhimbeere zwischen Ende Juni und Anfang August geerntet wird, können die Früchte der Herbsthimbeere zwischen August und November genossen werden. Da die Sommerhimbeeren häufig mehr Sonne und Wärme abbekommen, sind sie aromatischer und süßer als die Herbsthimbeeren. Generell werden Himbeeren, die sich nach dem Pflücken nur für kurze Zeit im Kühlschrank halten und schnell verarbeitet werden sollten, eine entzündungshemmende Wirkung nachgesagt. Auch sie stärken wie die Pfirsiche das Immunsystem. Statt frischer Himbeeren können auch tiefgefrorene Exemplare verwendet werden. Sie verleihen dem Powerdrink zusätzliche Kühle. In der Regel müssen die Früchte nicht aufgetaut werden, sondern können direkt püriert werden.

Kiwis-Erdbeeren

Erdbeeren und Kiwis ergänzen sich in diesem Smoothie perfekt: Die leicht säuerlich anmutenden Kiwis erinnern geschmacklich ein wenig an die rötlichen Früchte. Auch Anleihen von Melonen sowie Stachelbeeren finden sich in der Tropenfrucht wieder. Ihren Namen haben Kiwis in Neuseeland erhalten, ursprünglich stammen sie jedoch aus China. Im Land der Maori werden sie seit Jahren vertrieben. Die beiden bekanntesten Sorten sind die Kiwi Gold und die Kiwi Green mit dem grünen Fruchtfleisch. Erstere ähneln optisch einer Feige, da sie eine ovale Form aufweisen. Zudem verfügen sie über eine glattere Schale und gelbliches Fruchtfleisch. Die Sorte Kiwi Gold schmeckt weniger säuerlich als ihre Kollegin,

Kiwis-Erdbeeren

Zutaten für 4 Portionen: 2 Kiwis, 300 g Erdbeeren, 2 Bananen, Eiswürfel oder crushed ice.

Zubereitung (ca. 10 Minuten): Mit einem Messer oder einem Sparschäler die Kiwis von der Schale befreien. Alternativ besonders weiche Kiwis halbieren und Fruchtfleisch mit einem Löffel herauslösen. Fruchtfleisch klein schneiden. Erdbeeren in eine mit Wasser gefüllte Schüssel geben und vorsichtig säubern. Früchte vom Stielansatz befreien und halbieren. Bananen schälen und in Stücke schneiden. Kiwifruchtfleisch, Erdbeerenhälften und Bananenstückchen pürieren, mit Eiswürfeln oder crushed ice auffüllen und erneut pürieren.

stattdessen mutet sie süßlich an. Dank der weichen Konsistenz lässt sich das Fruchtfleisch besser aus der gelblichen Variante herauskratzen. Häufig vertragen Allergiker die Kiwi Gold besser als die Kiwi Green.

Tipp

Kelchblätter immer erst nach dem Waschen entfernen, da die Erdbeeren ansonsten Wasser aufnehmen und auf diese Weise an Geschmack verlieren.

Bis zum Sommer warten

Der süß-säuerliche Geschmack des Smoothies aus Kiwis und Erdbeeren wird durch die Zugabe von Erdbeeren noch ein wenig verstärkt. Sie können je nach Jahreszeit tiefgefroren oder frisch gepflückt vorliegen – beide Variationen eignen sich prima, um den Powerdrink herzustellen. Sogenannte Früherdbeeren, die vor allem im Süden heranreifen und in den Frühlingsmonaten in den Handel gelangen, sollten jedoch gemieden werden, da sie häufig eine hohe Konzentration an Pflanzenschutzmitteln aufweisen. Vor dem Verzehr sollten Erdbeeren generell gründlich abgewaschen werden. Dies sollte jedoch nicht unter fließendem Wasser erfolgen, denn auf diese Weise wird das Aroma zerstört und die Inhaltsstoffe werden beschädigt. Wenn die zu den Sammelnussfrüchten zählenden Erdbeeren glänzen und angenehm duften, sind sie reif und können gepflückt werden.

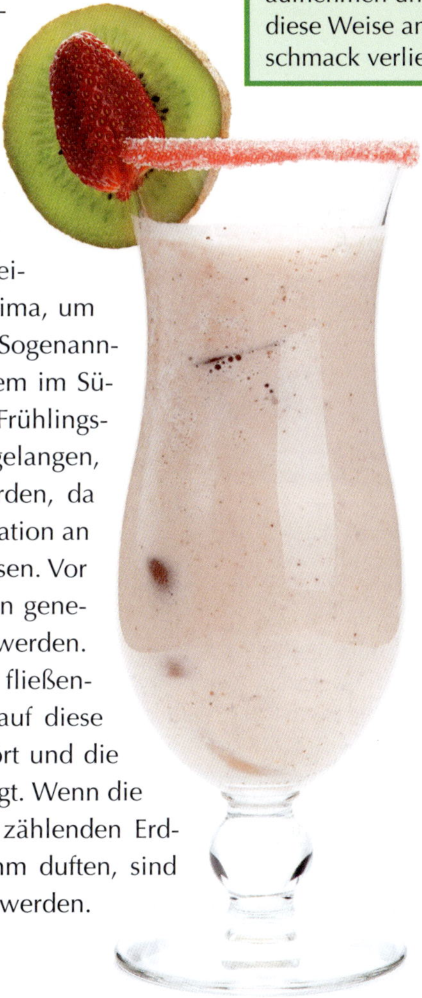

Limetten-Grapefruit

Dass Powerdrinks nicht immer süß sein müssen, beweist der Limetten-Grapefruit-Smoothie. Wie herb der Smoothie im Endeffekt sein wird, kann jeder selbst bestimmen: Grapefruits werden weltweit in verschiedenen Varianten gezüchtet, die unterschiedlich sauer sind. Für den bitteren Geschmack sorgt das Limonin, das Vitamin P enthält. Grapefruits – eine Kreuzung aus Orangen und Pampelmusen – werden in rote und weiße Grapefruits eingeteilt. Erstere weisen eine rosafarbene bis dunkelrote Färbung auf, so z. B. die Sorten Ruby, Star Ruby, Rio Red und Flame. Weiße Grapefruits sind an ihrem gelblichen Fruchtfleisch zu erkennen. Soll der Smoothie nicht ganz so sauer werden, empfiehlt es sich,

Limetten-Grapefruit

Zutaten für 4 Portionen: 1 Grapefruit, 2 Limetten, 2 Bananen, 2 EL Honig, 300 ml milder Orangensaft.

Zubereitung (ca. 10 Minuten): Die Grapefruit kurz in heißes Wasser legen, damit sich die Schale besser ablösen lässt. Mithilfe eines scharfen Messers die Grapefruit schälen. Alternativ die Grapefruit in zwei Hälften teilen, Kerne mit einem Löffel entfernen und Fruchtfleisch von der Schale lösen. Limetten heiß abwaschen und trocken reiben. Mit einem Sparschäler die Schale entfernen. Bananen schälen und klein schneiden. Grapefruit- sowie Limettenfruchtfleisch mit Bananenstückchen, Honig und mildem Orangensaft pürieren.

> *Tipp*
> Vorsicht beim Genuss des Grapefruit-Limetten-Smoothies: Grapefruits verstärken die Wirkung zahlreicher Medikamente!

die Grapefruit, die sich problemlos bei 10–15 Grad Celsius für rund drei Monate aufbewahren lässt, möglichst lange liegen zu lassen. Je länger sie aufbewahrt wird, desto milder und aromatischer wird sie.

Erfrischung pur

Der herbe Geschmack des Powerdrinks wird unterstützt durch die Zugabe von Limetten, der kleinen Schwester der Limone. Wenn Limetten vor dem Auspressen oder Verarbeiten noch ein wenig auf der Arbeitsfläche hin und her gerollt werden, geben sie mehr Saft ab. Generell sind sie safthaltiger als Zitronen. Die Schale der Limette gibt Aufschluss darüber, ob die mit Mineralstoffen gesegnete Frucht reif ist oder nicht. Dunkelgrüne Exemplare sollten gemieden werden, Limetten mit hellgrüner, glänzender Schale können hingegen problemlos verwendet werden. Bevor die Frucht weiterverarbeitet wird, sollte die Schale heiß abgewaschen und trocken gerieben werden, da sie oft mit Pestiziden behandelt wurde. Besonders aromatisch ist die Key-Limette, die mit gelbem Fruchtfleisch überrascht. In den Handel gelangen jedoch häufig persische Limetten. Eine Limette deckt fast die Hälfte des täglichen Vitamin-C-Bedarfs und unterstützt die Abwehrkräfte.

Mandarinen-Weintrauben

Liebend gern landen Mandarinen im Nikolausstiefel oder zu Dekorationszwecken neben Schokoladenweihnachtsmännern und Lebkuchenherzen auf dem Weihnachsteller. Doch die Früchte können weit mehr, als nur beliebtes Beiwerk zu sein. Sie halten uns z. B. schlank. Dies ist dem Pflanzenstoff Nobiletin zuzuschreiben, der Übergewicht entgegenwirkt. Es soll die Ansammlung von Fett in der Leber verhindern und steigert die Verbrennung überflüssigen Fetts. Auch für das Alter können wir mit dem Verzehr von Mandarinen vorsorgen: Forschungen haben ergeben, dass das Obst vor Ansammlungen von Plaque in Arterien schützt. Arterienverkalkungen sind die häufigsten Auslöser für Schlaganfälle und Herzinfarkte. Gleichzeitig beugen Mandari-

Mandarinen-Weintrauben

Zutaten für 4 Portionen: 4 Mandarinen, 300 g Weintrauben, 2 Bananen, 350 ml milder Orangensaft.

Zubereitung (ca. 10 Minuten): Mandarinen von der Schale befreien, weiße Häutchen entfernen. Weintrauben von den Stielen rupfen und waschen. Bananen schälen und klein schneiden. Obstsorten pürieren und mit mildem Orangensaft auffüllen. Smoothie erneut mixen.

nen, deren Existenz erstmals im 12. Jh. v. Chr. schriftlich erwähnt wurde, Altersdiabetes vor. Wer den Mandarinen-Weintrauben-Smoothie noch ein weniger süßer mag, greift statt zu Mandarinen zu Clementinen, die an der etwas dickeren Schale zu erkennen sind. Sie sind eine Kreuzung aus Orangen und Mandarinen und enthalten weniger Säure.

Klein aber oho

Die Fettverdauung, die durch die Mandarinen im Powerdrink angeregt wird, wird durch die Zugabe von Weintrauben wunderbar unterstützt. Die hellen oder dunklen Beeren sind ideal zum Entschlacken, denn überschüssige Flüssigkeit im Körper wird durch den hohen Kaliumanteil in den Weintrauben eliminiert. Gleichzeitig reguliert er den Wasserhaushalt. Als Folge der Entwässerung verlieren wir an Gewicht. Durch die in den Beeren enthaltene Fruchtsäure wird der Abbau von schädlichen Stoffwechselprodukten und Giftstoffen gefördert. Wer sich nicht daran stört, sollte die Kerne mitpürieren, denn die wichtigen Inhaltsstoffe Resveratrol und OPC, die Herz- und Kreislauferkrankungen vorbeugen, befinden sich in den Kernen.

Nektarinen-Kirschen

Als kleine Mahlzeit vor dem Schlafengehen ist der Nektarinen-Kirschen-Smoothie keine schlechte Wahl, denn Kirschen, ganz gleich welche der zahlreichen Sorten gewählt wird, fördern den Schlaf. Wer nicht nur mit Schlafstörungen zu kämpfen hat, sondern auch mit Gewichtsproblemen, sollte ebenfalls auf die Wirkung von Kirschen vertrauen. Der Verzehr der Früchte, die reich an wichtigen Mineralstoffen und Vitaminen wie dem Vitamin A sind, soll gegen Übergewicht und Fetteinlagerungen helfen. Zugleich wird ihnen eine entwässernde Wirkung nachgesagt. Der Powerdrink schmeckt sowohl mit Sauer- als auch mit Süßkirschen. Hier kann nach Lust und Laune kombiniert werden, am ehesten bieten sich Arten wie die Herzkirsche, die gelblich gefärbte Wachskirsche oder auch Schattenmorellen an.

Nektarinen-Kirschen

Zutaten für 4 Portionen: 350 g Kirschen, 3 Nektarinen, 1 EL Zitronensaft, 300 ml Apfelsaft.

Zubereitung (ca. 15 Minuten): Kirschen waschen, halbieren und von den Kernen befreien. Nektarinen heiß abwaschen und bei Bedarf schälen. Nektarinen halbieren, Steine entfernen und klein schneiden. Kirschen und Nektarinen mit Zitronensaft pürieren. Mit Apfelsaft auffüllen und erneut mixen.

Das Beste des Sommers

Saison haben die meisten Kirschenarten oft Mitte Juni. Dies deckt sich perfekt mit der Nektarinenernte. Sie startet im gleichen Monat. Einige erste Nektarinensorten aus Frankreich, Italien, Spanien und Griechenland sind bereits Ende April, Anfang Mai erhältlich. Doch Spätnektarinen schmecken aromatischer als ihre früheren Kolleginnen. Gegenüber Pfirsichen, mit denen sie eng verwandt sind – möglicherweise sind sie eine Mutation des Pfirsichs –, weisen sie einen höheren Kaliumgehalt sowie einen niedrigeren Wasseranteil auf. Teilweise wachsen beide sogar am gleichen Baum. Ihre Haut ist angenehm glatt, sodass sie problemlos für den Nektarinen-Kirschen-Smoothie mitverarbeitet werden kann. Bei Bedarf lässt sie sich ganz einfach entfernen, indem die Nektarine kurz mit kochendem Wasser überbrüht wird. Generell sollte beim Einkaufen darauf geachtet werden, dass die Nektarinen ausgereift sind, denn sie reifen kaum nach und halten sich nur kurze Zeit im Kühlschrank. Weißfleischige Nektarinen sind besonders saftig.

Tipp

Die Kerne der Nektarine sollten nicht verzehrt werden, da sie Stoffe enthalten, aus denen im Körper Blausäure gebildet werden kann.

Pflaumen-Heidelbeeren

Cholesterinarm und besonders wohltuend kommt der Powerdrink daher, der uns mit Schwung neue Aufgaben angehen lässt, denn der Fruchtzucker in den Pflaumen ist ein natürlicher Energielieferant. Generell ist das Steinobst ein wahrer Alleskönner: Es beinhaltet u. a. wichtige Spurenelemente und Mineralstoffe wie Magnesium, Eisen und Vitamin C. Bereits die Römer haben die süße Frucht genossen, die sehr wasserhaltig ist und die dank der wasserlöslichen Pflanzenstoffe Zellulose und Pektin die Verdauung anregt. Die tiefblauen Zwetschgen sowie Mirabellen fallen ebenfalls unter den weitläufigen Oberbegriff Pflaumen. Während Echte Pflaumen eher eine rundliche Form sowie eine markante Naht aufweisen, sind Zwetschgen elliptisch geformt. Auch an der Farbe des Fruchtfleisches, das bei Zwetschgen etwas fester ausfällt, können sie unter-

Pflaumen-Heidelbeeren

Zutaten für 4 Portionen: 300 g Heidelbeeren, 5 Pflaumen, 300 ml dunkler Traubensaft, Eiswürfel oder crushed ice.

Zubereitung (ca. 10 Minuten): Heidelbeeren verlesen und vorsichtig waschen. Pflaumen waschen, halbieren und mit einem scharfen Messer die Kerne entfernen. Pflaumen klein schneiden. Heidelbeeren mit Pflaumenstückchen und dunklem Traubensaft pürieren. Mit Eiswürfeln oder crushed ice auffüllen und erneut mixen.

schieden werden. Das der blauvioletten Echten Pflaumen ist goldgelb, das der Zwetschgen eher grüngelb.

> *Tipp*
>
> Sollen in den Powerdrink wild wachsende Heidelbeeren gelangen, müssen sie vor der Verarbeitung unbedingt erhitzt werden.

Vor Bakterien gut geschützt

Nicht nur die Pflaumen wehren unterschiedlichste Krankheiten und Wehwehchen ab, sondern auch die Heidelbeeren, im Volksmund als Blaubeeren bekannt, schützen die Körperzellen und das Immunsystem gegen angreifende Bakterien. Ihnen wird da-rüber hinaus eine entzündungshemmende Wirkung nachgesagt. Der Pflaumen-Heidelbeeren-Smoothie beugt wunderbar Erkältungen vor. Ist einmal kein Antibiotikum zur Hand, helfen die Heidelbeeren, die einen hohen Gehalt an Vitamin C aufweisen, gern weiter. Der blaue Wirkstoff Anthocyan hat eine ähnliche Wirkung wie ein Antibiotikum und fördert die Blutbildung. Für den Powerdrink sollten am besten Heidelbeeren mit schwarzer Färbung, die als Kulturpflanze gezogen wurden, verwendet werden, da sie ohne Bedenken direkt verzehrt werden können.

Preiselbeeren-Orangen

Ein Großteil der Zutaten für den Preiselbeeren-Orangen-Smoothie kann selbst angebaut werden, denn Preiselbeeren wachsen auch im heimischen Garten. Sie gedeihen besonders gut in sandhaltigen Lehm- und Torfböden. Auch Minustemperaturen, wie sie in Deutschland im Winter mitunter vorherrschen, sind für die Früchte kein Problem. Cranberrys (auch Kranbeere), die als Kulturpreiselbeere bekannt sind, schmecken weitaus säuerlicher und herber als Preiselbeeren, die aus der Gattung der Heidelbeeren stammen. Wer keinen Garten sein Eigen nennen kann oder über keinen grünen Daumen verfügt, muss nicht auf Preiselbeeren verzichten, denn zwischen den Monaten August und Oktober sind sie im Supermarkt zu erstehen. Ausgereifte Exemplare sind an ihrer glänzenden Schale zu erkennen.

Die Süße des Südens

Für frische Orangen muss hingegen meist auf Importe aus südeuropäischen Ländern zurückgegriffen werden. Besonders beliebt sind in Deutschland Winterorangen, die u. a. in Spanien angebaut werden. Sie finden einen größeren Absatz als Sommerorangen. Einen hohen Saftanteil weisen Blondorangen auf, die dementsprechend auch als Saftorangen bezeichnet werden. Sie sind süßer, saftiger, aber auch

Preiselbeeren-Orangen

Zutaten für 4 Portionen: 300 g Preiselbeeren, 2 Orangen, 1/2 Ananas, 1 EL Ahornsirup, Eiswürfel oder crushed ice.

Zubereitung (ca. 15 Minuten): Heidelbeeren verlesen und vorsichtig waschen. Orangen heiß waschen, mit einem Messer oder einem Sparschäler schälen und in kleine Stücke schneiden. Mit einem großen scharfen Messer die Schale von oben nach unten von der Ananas schneiden. Den Strunk herausschneiden, die Hälfte des Fruchtfleischs würfeln. Obststücke mit Ahornsirup pürieren, mit Eiswürfeln oder crushed ice auffüllen und erneut mixen.

kernhaltiger als Blutorangen, die hauptsächlich auf Sizilien angebaut werden. Das Fruchtfleisch der Blutorangen, die zwischen Dezember und Anfang April angeboten werden, ist hell- bis dunkelrot gefärbt und mutet ein wenig säuerlich an. Fast der komplette Tagesbedarf an Vitamin C kann durch den Verzehr einer Orange abgedeckt werden. Die kalorienarmen Früchte beugen in Kombination mit Preiselbeeren Gelenkerkrankungen vor. Vor allem Preiselbeeren sollen rheumatische Erkrankungen lindern und vor Infektionen der Harnblase und der Nieren schützen.

Gemüse-Smoothies

Rohköstler werden ihre wahre Freude an Gemüse-Smoothies haben, denn die verschiedenen Gemüsesorten müssen in der Regel nicht vorab gekocht werden, sondern gelangen frisch vom Markt in den Powerdrink. Da die einzelnen Gemüsesorten aus diesem Grund meist eine recht feste Konsistenz aufweisen, reicht für die Zubereitung häufig ein Stabmixer nicht aus. Stattdessen sollte auf einen Standmixer zurückgegriffen werden.

Gurken-Haferflocken

Bereits vor Jahren haben Gurkensuppen in edlen Restaurants Einzug gehalten, regelmäßig kreieren Spitzenköche neue Varianten der vor allem im Sommer beliebten Köstlichkeit. Auch Gurken-Smoothies, die eine ähnliche Konsistenz aufweisen, gewinnen immer mehr an Beliebtheit. Dieser Gurken-Smoothie überrascht mit Haferflocken, die für den nötigen Energieschub am frühen Morgen sorgen. Mit dem Gurken-Haferflocken-Smoothie kann dem Tag gelassen entgegengeblickt werden. Der an Ballaststoffen und Eiweiß reiche Hafer stärkt das Immunsystem. Auch der Blutzuckerspiegel wird durch das Getreide, das viel Zink und Kupfer enthält, geregelt. Die Spurenelemente sorgen gleichzeitig für eine schöne Haut und kräftige Fingernägel. Der Gurken-Haferflocken-Smoothie macht nicht nur fit, sondern zaubert auch ein schönes Äußeres. Die Hafer-

Gurken-Haferflocken

Zutaten für 4 Portionen: 1 Gurke, 1 Knoblauchzehe, 100 g blütenzarte Haferflocken, 400 ml Dickmilch, Salz, Pfeffer.

Zubereitung (ca. 10 Minuten): Gurke waschen, bei Bedarf schälen und in kleine Scheiben schneiden. Knoblauchzehe waschen, schälen, durch eine Knoblauchpresse drücken und zu den Gurkenscheiben geben. Haferflocken und Dickmilch zufügen und pürieren. Gurken-Haferflocken-Smoothie mit Salz und Pfeffer abschmecken.

flocken rufen dank der Ballaststoffe und der ungesättigten Fettsäuren ein langes Sättigungsgefühl hervor und kurbeln außerdem noch die Fettverbrennung an.

Sündigen ohne Reue

Die Salatgurke sorgt dafür, dass der Powerdrink nicht zu dickflüssig wird, denn sie besteht zu rund 95 Prozent aus Wasser. Von dem Gemüse aus der Familie der Kürbisgewächse darf wie von den Haferflocken ohne schlechtes Gewissen reichlich genascht werden. Die geringe Kalorienanzahl ist in diesem Fall auf den hohen Wassergehalt zurückzuführen. Auch wenn es kurios klingen mag: Salatgurken wirken entwässernd. Um die in der Salatgurke enthaltenen B-Vitamine sowie die Mineralstoffe Zink, Eisen, Kalzium und Phosphor zu erhalten, sollte sie mit Schale in den Smoothie gegeben werden. Der Powerdrink sollte am besten nach dem Verzehr von Fleisch oder anderen eiweißhaltigen Lebensmitteln genossen werden, da das Enzym Peptidasen in der Salatgurke Proteine spaltet. Wir können eiweißhaltige Speisen auf diese Weise besser verdauen.

Kürbis-Muskatnuss

Im Herbst führt kein Weg vorbei an leckeren Kürbissen – sei es in Form von Kürbissuppe, kräftigen Chutneys oder als gruselige Dekoration an Halloween. Auch in Smoothies machen sie dank der cremigen Konsistenz und des würzig-süßen Geschmacks eine gute Figur. Die Auswahl ist schier unermesslich, am beliebtesten sind die Sorten Butternut, Hokkaido und Muskatkürbis. Sie alle unterscheiden sich in Form, Farbe und Geschmack. Der Butternut z. B. erinnert ein wenig an eine langgezogene Birne. Daher wird der elfenbeinfarbene Kürbis, der sich vom Orange des Hokkaido unterscheidet, auch als Birnenkürbis bezeichnet. Das nussig anmutende Fruchtfleisch leuchtet hellorange. Er eignet sich hervorragend für den Kürbis-Muskatnuss-Smoothie, da er aufgrund seiner geringen Größe schnell

Kürbis-Muskatnuss

Zutaten für 4 Portionen: 300 g Kürbis (z. B. Butternut), 350 ml Milch, 2 EL Ahornsirup, 1 Prise Salz, 1 Prise Muskatnuss.

Zubereitung (ca. 15 Minuten): Mit einem scharfen Kochmesser den Kürbis in mehrere Teile schneiden. Die Kerne sowie das faserige Innere mit einem Löffel herausschneiden. Das Fruchtfleisch klein schneiden. Beim Butternut, beim Spaghettikürbis sowie beim Hokkaido können die Schalen ebenfalls verzehrt werden. Milch und Ahornsirup zum Kürbisfleisch geben und pürieren. Muskatnuss reiben und Smoothie mit Salz und Muskatnuss abschmecken.

verarbeitet werden kann. Weiterer Pluspunkt des milden, leicht buttrigen Butternuts sind seine Kerne, die ebenfalls verzehrt werden können sowie reich an Eiweiß und Mineralstoffen sind.

Beliebt seit Jahrhunderten

Die würzig-süßliche Note des Powerdrinks wird durch die Beigabe von Muskatnuss unterstützt. Das exotische Gewürz – in früheren Zeiten ein beliebtes Handelsmittel – sollte stets frisch gekauft und gerieben werden, denn die Nüsse sind gegenüber gemahlenen Varianten weitaus aromatischer. Das zwischen süß und bitter schwankende Aroma hält sich länger, wenn das Gewürz erst kurz vor dem Servieren hinzugegeben wird. Der Powerdrink eignet sich hervorragend als kleiner Schlummertrunk, denn Muskatnuss ist ein natürliches Schlafmittel. Gleichzeitig stärkt es die Nerven und hat eine beruhigende Wirkung. Die Verdauung wird ebenfalls angeregt. Die heute noch geschätzte Mystikerin Hildegard von Bingen (1098–1179) versprach sich von der Einnahme von Muskatnuss vor allem eine Verbesserung der geistigen Leistungsfähigkeit.

Mangold-Brennnessel

Mangold und Brennnessel sind zu Unrecht zwei wenig beachtete Lebensmittel, die in der heimischen Küche kaum Verwendung finden. Dabei können sie viel mehr, als ihnen im ersten Moment zugetraut wird. Brennnessel mögen zwar beim Menschen durch die Berührung der Haut mit den Brennhaaren unliebsame und juckende Quaddeln hervorrufen, doch gleichzeitig können die Pflanzen bei Blasenbeschwerden Linderung verschaffen. Auch Personen, die Probleme mit der Prostata haben oder unter Arthritis leiden, sollten vom Man-

Mangold-Brennnessel

Zutaten für 4 Portionen: 8 große Blätter Mangold, 20 g Brennnesselblätter, 2 Möhren, Eiswürfel oder crushed ice.

Zubereitung (ca. 10 Minuten): Den Wurzelansatz der Mangoldstaude mit einem Messer entfernen. Einzelne Mangoldblätter herauslösen, waschen und trocken tupfen. Stiele und Mittelrippe herausschneiden. Mangoldblätter in kleine Stücke rupfen. Brennnesselblätter waschen und zugeben. Möhren schälen und in kleine Scheiben schneiden. Mangold- und Brennnesselblätter sowie Möhrenscheiben pürieren. Mit Eiswürfeln oder crushed ice auffüllen und erneut mixen.

gold-Brennnessel-Smoothie naschen. Nicht umsonst ist die Brennnessel bereits seit Jahrhunderten als Heilkraut bekannt: Sie bekämpft Müdigkeitserscheinungen, die häufig durch Eisenmangel hervorgerufen werden, denn ihr Eisenanteil fällt weitaus höher aus als der von Blattspinat.

Zwischen Spinat und Spargel

Nur wenige Rezepte sehen die Gemüsepflanze Mangold vor, obwohl sie geschmacklich eine wunderbare Alternative zu Spinat ist. Mangold, erhältlich zwischen Juni und September, ist eine Kulturform der Wilden Rübe. Sie ist als Gänsefußgewächs mit der Zuckerrübe sowie mit Roter Bete verwandt. Unterschieden wird die Gemüsepflanze in Blatt- und Stielmangold. Letzterer ist an der stark ausgeprägten Mittelrippe in den Blättern zu erkennen. Er verfügt zudem über größere Blätter als der Blattmangold. Bereits unsere Vorfahren haben Mangold genossen, der seit Jahrtausenden angebaut wird. Häufig werden nur die Blätter des Mangolds, die in der Regel eine dunkelgrüne, in seltenen Fällen eine rötliche Färbung aufweisen, verzehrt. Die Stängel des Stielmangolds erinnern geschmacklich an Spargel. Neben Schwarzwurzelarten wird Mangold als „Spargel des armen Mannes" bezeichnet. Das Gemüse ist reich an Eisen und Vitaminen. Es unterstützt die Knochenbildung und die Blutgerinnung.

Möhren-Ingwer

Der Powerdrink überrascht mit seiner aufregenden Geschmackskombination: Hier trifft die Süße der Möhre auf die Schärfe der Ingwerknolle. Ergänzt wird der interessante Mix durch die Würze der Petersilie, die für neuen Schwung sorgt. Sie wird liebend gern als natürliches Mittel gegen die sogenannte Frühjahrsmüdigkeit eingesetzt. Die bekannte Heilpflanze ist ebenfalls im Einsatz, wenn sich eine drohende Blasenentzündung bemerkbar macht. Die Pflanze aus der Familie der Doldenblütler, deren Blätter entweder glatt oder kraus sein können, wirkt besonders harntreibend. Gleichzeitig sorgt der hohe Vitamin-C-Gehalt für eine belebende Wirkung. Nicht nur die Petersilie wirkt sich positiv auf den Verdau-

Möhren-Ingwer

Zutaten für 4 Portionen: 300 g Möhren, 1 walnussgroßes Stück Ingwer, 1/2 Bund Petersilie, 2 EL Öl, 1 EL Honig, Eiswürfel oder crushed ice.

Zubereitung (ca. 10 Minuten): Möhren waschen, schälen und in kleine Scheiben schneiden. Ingwer schälen. Petersilie waschen und trocken schütteln. Möhrenscheiben, Ingwer und Petersilie mit Öl und Honig pürieren. Mit Eiswürfeln oder crushed ice auffüllen und erneut mixen.

ungstrakt aus, auch Möhren mildern Magenleiden. Der Powerdrink kann also unbesorgt von Personen mit einem empfindlichen Magen genossen werden. Nicht zu vergessen, dass der Verzehr von Möhren dank des Betacarotins, das in Vitamin A umgewandelt wird, gut für die Sehkraft ist. Damit es vom Körper besser aufgenommen wird, sollte dem Smoothie ein wenig Öl zugegeben werden.

Linderung auf natürlichem Weg

Das pflanzliche Allheilmittel gegen Schmerzen aller Art ist die Ingwerknolle. Die Inhaltsstoffe in der Knolle haben die gleiche Wirkung wie Acetylsalicylsäure, die Entzündungen lindert und Schmerzen, z. B. Muskelschmerzen, reduziert. Wer während einer Autofahrt stets ein wenig Übelkeit verspürt, sollte sich für die Reise ein wenig von dem sanften Möhren-Ingwer-Smoothie abfüllen, denn die Ingwerknolle unterdrückt den Brechreiz. Für Schwangere ist der Powerdrink jedoch nichts, da der Verzehr von Ingwer vorzeitig Wehen auslösen kann. Auch bei Problemen mit zu hohem Blutdruck sollte auf die Zugabe von Ingwer im würzigen Smoothie verzichtet werden.

Radicchio

Die Auswahl für den Radicchio-Smoothie ist schier unermesslich, denn der aus Italien stammende Salatklassiker ist in den verschiedensten Sorten erhältlich. Nicht selten leuchten die Blätter in Farben wie Grün, Gelb und Rot. Verschiedene Kreuzungen haben dies möglich gemacht. Viele verwechseln den roten Radicchio mit Chicorée, der jedoch weitaus bitterer schmeckt und eine ovale Form aufweist. Radicchio hingegen ist rundlich geformt und hat ungefähr die Größe einer Faust. Der Bitterstoff Intybin sorgt nicht nur für den herben Geschmack, sondern regt auch die Produktion von Gallensäften an. Radicchio ist genau das Richtige bei Magen-Darm-Problemen. Dem stark bitteren Ton kann entgegengewirkt werden, indem die Blattrippen vor der Weiterverarbeitung entfernt werden, denn hier sitzen die

Radicchio

Zutaten für 4 Portionen: 1 Radicchiokopf, 4 Tomaten, 1 TL Meersalz, Eiswürfel oder crushed ice.

Zubereitung (ca. 10 Minuten): Außenblätter sowie welke Blätter vom Radicchio lösen. Mit einem Messer den Radicchiokopf in der Mitte teilen, vorsichtig waschen und den Strunk entfernen. Einzelne Blätter voneinander trennen und klein schneiden. Bei Bedarf die Blattrippen herausschneiden. Tomaten waschen, vom Stielansatz befreien und vierteln. Radicchio und Tomaten mit Meersalz pürieren. Mit Eiswürfeln oder crushed ice auffüllen und erneut mixen.

Bitterstoffe. Doch auch die saftigen Tomaten im Powerdrink sorgen für ein wenig Neutralität und einen angenehmen Geschmack. Da Radicchio nur wenige Kalorien aufweist, steht einem Genuss des Smoothies nichts im Wege.

Die Würze muss stimmen

Ohne die Zugabe von Meersalz würde dem Radicchio-Smoothie etwas fehlen. Das Salz verleiht dem Powerdrink erst die nötige Würze. Wer sich gerne etwas Exklusives gönnen möchte, greift zum Fleur de Sel, das aufgrund der aufwendigen Gewinnung etwas kostspieliger ist und als teuerstes Meersalz gilt. Einzig an Tagen, an denen kein Wind herrscht und warme Temperaturen erreicht werden, wird es in der französischen Landschaft Camargue, in der Bretagne sowie an der Algarve gewonnen. Das Fleur de Sel entsteht als hauchdünne Schicht an der Wasseroberfläche der Salzgärten. Es wird mithilfe einer Holzschaufel abgetragen. Das unbehandelte Meersalz wird vor allem von Köchen wegen seines intensiven Geschmacks geschätzt.

Rote Bete

Herrlich rot leuchtet der Rote-Bete-Smoothie, der zum Blickfang einer jeden Party oder Geburtstagsfeier wird. Wegen seiner auffälligen Färbung wird das Fruchtfleisch der Knolle auch gern zum Einfärben von Ostereiern, Gebäck sowie Torten genutzt. Der Mythos, dass Rote Bete ein probates Mittel gegen Eisenmangel ist, unter dem häufig Frauen, Schwangere sowie Kinder und Jugendliche in der Wachstumsphase leiden, stimmt zwar nicht, dafür

Rote Bete

Zutaten für 4 Portionen: 4 Rote-Bete-Knollen, 1 Gurke, 8 Cocktailtomaten, 1 Spritzer Tabasco, 1 Prise Salz, Eiswürfel oder crushed ice.

Zubereitung (ca. 15 Minuten): Wenn nötig, vorhandenes Grün sowie Blattstängel von den Rote-Bete-Knollen schneiden. Für die weitere Arbeit mit der Roten Bete am besten Handschuhe verwenden. Rote Bete schälen und mit einem Messer die Enden abschneiden. Mit einem Sparschäler die Schale entfernen und die Rote Bete in Scheiben schneiden. Gurke schälen und ebenfalls in Scheiben schneiden. Cocktailtomaten waschen. Rote-Bete- sowie Gurkenscheiben mit Cocktailtomaten, 1 Spritzer Tabasco und 1 Prise Salz pürieren. Mit Eiswürfeln oder crushed ice auffüllen und erneut mixen.

wirkt der Saft der süß-sauer anmutenden Knolle leistungssteigernd. Gleichzeitig hebt er die Stimmung. Nicht umsonst gilt die Rote Bete, die auch als Rote Rübe, Ranne oder Rande bekannt und mit der Zuckerrübe sowie dem Mangold verwandt ist, als besonders gesundes Lebensmittel. Das Gemüse enthält z. B. viel Kalzium, Magnesium sowie Vitamin A, C und K.

Jetzt wird's heiß

Rote Bete wird meist in einer Essigmarinade eingelegt, doch wer die Knolle einmal roh probiert, wird schnell feststellen, dass das Rübengewächs eher eine erdige Note aufweist. Daher verträgt es sich wunderbar mit kräftigen Gewürzen, so z. B. Anis und Kreuzkümmel. Auch gern gesehen sind Meerrettich und Chilipulver. Unser Rote-Bete-Smoothie setzt auf das scharfe Aroma der Tabascosoße. Die würzige Chilisoße ist eine Erfindung des US-amerikanischen Unternehmens McIlhenny Co., das das Original unter dem Namen Tabasco Pepper Sauce verbreitet. Hergestellt wird die Soße aus Tabasco-Chilis, die vor allem im südlichen Bundesstaat Louisiana in großen Mengen angebaut werden. Um die Schärfe der Tabascosoße ein wenig abzumildern, kann für den Rote-Bete-Smoothie alternativ Weiße oder Gelbe Bete verwendet werden. Diese beiden Arten schmecken weitaus süßlicher und milder als Rote Bete. Sie sollen eine besonders entschlackende Wirkung haben.

Tipp

Wenn die Rote Bete ungewöhnlich groß ist, weist sie meistens ein holziges Inneres auf und ist nicht mehr frisch.

Sellerie-Radieschen

Radieschensalate haben bei Rohköstlern bereits seit Jahren Hochkonjunktur, doch auch als Getränk weiß das Gemüse zu überzeugen. Der leichte Sellerie-Radieschen-Smoothie ist im Sommer die perfekte Alternative zu zuckerhaltigen Limonaden und Eistees. Er enthält nicht nur weniger Kalorien, sondern regt auch zugleich die Verdauung an. Dies ist auf die Senföle in den Radieschen zurückzuführen. Sie halten Pilze und Keime davon ab, die Harnwege und das Verdauungssystem zu befallen. Damit Radieschen über einen längeren

Sellerie-Radieschen

Zutaten für 4 Portionen: 300 g Stauden- oder Knollensellerie, 1 Bund Radieschen, 2 Möhren, Eiswürfel oder crushed ice, Salz, Pfeffer.

Zubereitung (ca. 15 Minuten): Knollensellerie putzen und waschen. Mit Erde behaftete Exemplare eventuell in Wasser kurz einweichen. Mit einem scharfen Messer die Schale entfernen und Fruchtfleisch klein schneiden. Stangensellerie waschen, Enden entfernen, mit einem Sparschäler eventuell schälen und in kleine Stücke schneiden. Radieschen waschen und vom Grün befreien. Möhren schälen und in Scheiben schneiden. Sellerie, Radieschen und Möhrenscheiben pürieren. Mit Eiswürfeln oder crushed ice auffüllen und erneut mixen. Sellerie-Radieschen-Smoothie mit Salz und Pfeffer abschmecken.

Zeitraum im Kühlschrank aufbewahrt werden können, muss das Grün abgeschnitten werden. Anschließend müssen die Kügelchen gewaschen und noch feucht in einen Gefrierbeutel oder eine Frischhaltebox gegeben werden.

Gut gegen Nervenleiden

Seine würzige Note erhält der Powerdrink durch die Zugabe von Sellerie. Dies kann entweder Knollen- oder Staudensellerie sein. Sie unterscheiden sich nicht nur anhand ihrer Form, sondern auch in geschmacklicher Hinsicht. Knollensellerie weist eine intensivere Note auf als Staudensellerie. Jener ist weniger würzig, sein Aroma fällt weitaus milder aus. Die Blätter des Staudenselleries können grün, weiß oder gelblich sein. Die ätherischen Öle im Sellerie haben positiven Einfluss auf den Stoffwechsel, das Nerven- und Drüsensystem profitiert davon. Zugleich kann durch den Verzehr von Sellerie der Blutdruck gesenkt werden. Daher wurde Selleriesaft bereits in der traditionellen chinesischen Medizin verwendet. Auch der griechische Arzt Hippokrates (460 v. Chr. – 377 v. Chr.) schwor auf die Wirkung von Selleriesaft bei Nervenleiden. Ein Schluck des Sellerie-Radieschen-Smoothies an stressigen Tagen ist nicht verkehrt, denn das in Sellerie enthaltene Kalzium sowie die Mineralstoffe Kalium und Magnesium beruhigen das Nervensystem. Die ätherischen Öle bauen Stresshormone ab.

Tomaten-Oregano

Was auf einer Pizza Margaritha oder bei vielen italienischen Speisen wunderbar funktioniert, macht auch in einem Smoothie eine gute Figur: die Kombination von Tomaten und Oregano. Die beiden Zutaten ergänzen sich perfekt und sorgen auch ohne Mozzarella für Gaumenfreude. Die Deutschen lieben den Geschmack von saftigen Tomaten – sei es in Form von Fleischtomaten, Cherrytomaten oder Cocktailtomaten. Die Nachtschattengewächse, die auch in orangenen, schwarzen, gelben oder violetten Versionen erhältlich sind, zählen in der Bundesrepublik zu den meist ge-

Tomaten-Oregano

Zutaten für 4 Portionen: 400 g Tomaten, 1/2 Bund Oregano, 1 Zwiebel, 1 Knoblauchzehe, Eiswürfel oder crushed ice, Salz, Pfeffer.

Zubereitung (ca. 10 Minuten): Tomaten putzen, waschen, eventuell vom Stielansatz befreien und vierteln. Oregano waschen und trocken schütteln. Zwiebel sowie Knoblauchzehe putzen und schälen. Zwiebel würfeln. Tomaten, Oregano, Zwiebelwürfel und Knoblauchzehe pürieren. Mit Eiswürfeln oder crushed ice auffüllen und erneut mixen. Tomaten-Oregano-Smoothie mit Salz und Pfeffer abschmecken.

Tipp

Tomaten sollten nicht im Kühlschrank aufbewahrt werden, da sie sonst an Geschmack verlieren. Stattdessen sollten sie an einem dunklen, lichtgeschützten Ort gelagert werden.

kauften Gemüsesorten. Nicht nur das lieblich-süße Aroma überzeugt, sondern auch die einfache Verarbeitung. Tomaten halten zugleich jung, denn das Gemüse wirkt altershemmend. Vor allem gekochte Exemplare sollen dazu beitragen, dass der Alterungsprozess aufgeschoben wird.

Ein Hauch von Mittelmeer

Oregano wird nicht nur als Gewürzpflanze eingesetzt, beliebt ist er auch als Heilpflanze, denn dank der Inhaltsstoffe wirkt er antiseptisch. So können einzelne Wunden natürlich behandelt und Bakterien abgetötet werden. Doch nicht nur äußerlich vollbringt Oregano wahre Wunder. Er ist ein natürlicher Helfer bei Rachenentzündungen und Keuchhusten. Jeder drohenden Erkältung kann mit der Pflanze, deren Blüten rosafarben leuchten, auf einfache Weise entgegengewirkt werden. Die Pflanze gilt als eine der wirkungsvollsten Antibiotika auf natürlicher Basis. Das aromatische Kraut hilft ebenfalls bei Pilzinfektionen. Oregano, auch bekannt als Wilder Majoran, kann auf den heimischen Fensterbänken oder im Garten mit viel Geschick selbst gezogen werden. Erntezeit ist in der Regel zwischen Juni und September. Bekommen die Pflanzen viel Sonne ab und werden in trockenem und kargem Boden gepflanzt, weisen sie ein äußerst intensives Aroma auf.

Würzige Paprikaschoten

Für ein wenig Pep im Powerdrink sorgen die verschiedenen Gewürze und Kräuter. Vor allem die Basilikumblätter verleihen dem Paprikaschoten-Smoothie das gewisse Extra. Die Pflanze aus der Familie der Lippenblütler bevorzugt sonnenreiche Gebiete, vor allem in Ländern am Mittelmeer gedeiht sie prächtig und bereichert die heimische Küche. So ist Oregano z. B. fester Bestandteil des italienischen Vorspeisensalats Caprese. Doch frisch gepflückt, verfeinert er nicht nur ab Juli, dem Startpunkt der Blütezeit, verschiedene Speisen, sondern veredelt auch Tees und den ein

Würzige Paprikaschoten

Zutaten für 4 Portionen: 2 Paprikaschoten, 1/2 Gurke, eine Handvoll Basilikumblätter, 300 ml Tomatensaft, Eiswürfel oder crushed ice, Selleriesalz, Pfeffer.

Zubereitung (ca. 15 Minuten): Paprikaschoten putzen, waschen, vom Stielansatz befreien, halbieren und entkernen. Paprikahälften in Streifen schneiden. Gurke waschen, schälen und in Scheiben schneiden. Basilikumblätter waschen und trocken tupfen. Paprikastreifen, Gurkenscheiben und Basilikumblätter mit Tomatensaft pürieren. Mit Eiswürfeln oder crushed ice auffüllen und erneut mixen. Smoothie mit Selleriesalz und Pfeffer abschmecken.

oder anderen Gemüse-Smoothie. Besonders bei Migräneanfällen sollte der Powerdrink probiert werden, denn Oregano schwächt unangenehme Kopfschmerzen ab.

Vitamine in Hülle und Fülle

Falls rote, gelbe oder grüne Paprikaschoten für den Smoothie zur Auswahl stehen, sollte am ehesten immer zur roten oder gelben Variante gegriffen werden, denn sie sind vollständig ausgereift und weisen viel Betacarotin und Vitamin C auf. Paprikaschoten zählen zu den vitaminreichsten Gemüsesorten. Darüber hinaus sind sie kalorienarm und können deshalb in großen Mengen genossen werden. Wer für die Zubereitung auf heimische Produkte setzt, muss bis zum Juni warten, denn dann gelangen in Deutschland angebaute Paprikaschoten auf den Markt. Bis in den September hinein sind sie zu erstehen. Alternativ wird häufig aus den Niederlanden oder aus Spanien importierte Ware im Supermarkt angeboten. Bei empfindlichen Mägen sollte die Schale der Paprikaschote mithilfe eines Sparschälers entfernt werden, denn sie wird vom Magen nur schwer verdaut. Generell sollte die Schale gründlich geputzt und gewaschen werden, da sich auf ihr mitunter Rückstände von giftigen Pflanzenschutzmitteln befinden können.

Zucchini-Rucola

Optisch erinnern Zucchini an Gurken, doch die Kürbisart enthält einen geringeren Wasseranteil. Dadurch wirkt das botanisch zu den Beeren zählende Gemüse bissfester. Ihren relativ neutralen, mitunter süßlichen Geschmack erlangt die Zucchini, wenn sie eine Länge von 14–20 cm erreicht. Sie ist zu diesem Zeitpunkt zwar noch nicht vollständig ausgereift, sollte es aber auch gar nicht sein, da das zwischen hellgrün und weiß schwankende Fruchtfleisch nicht mehr so aromatisch schmeckt, wenn die Zucchini weiterwächst. Auch die Saftigkeit nimmt mit der Größe ab. Daher werden die kalium- und kalziumreichen Zucchini stets im halbreifen Zustand geerntet. Sollte die Zucchini bereits ein wenig älter sein, empfiehlt es

Zucchini-Rucola

Zutaten für 4 Portionen: 200 g Zucchini, 1/2 Gurke, 1 Möhre, 2 Tomaten, eine Handvoll Rucolablätter, 1 EL Öl, Eiswürfel oder crushed ice, Selleriesalz, Pfeffer.

Zubereitung (ca. 15 Minuten): Zucchini putzen, waschen, bei Bedarf schälen, Enden abtrennen und in Stifte schneiden. Gurke waschen, schälen und in Scheiben schneiden. Möhre schälen und in Scheiben schneiden. Tomaten waschen, vom Stielansatz befreien und vierteln. Basilikumblätter waschen und trocken tupfen. Untere Stiele ablösen. Zucchinistifte, Gurken- sowie Möhrenscheiben mit Öl pürieren. Mit Eiswürfeln oder crushed ice auffüllen und erneut mixen. Smoothie mit Selleriesalz und Pfeffer abschmecken.

sich, die Schale sowie die Kerne zu entfernen, da sie bitter schmecken. Frische Stangen weisen eine feste Struktur auf.

Ein neuer Stern am Küchenhimmel

Während Zucchini häufig wenig Eigengeschmack nachgesagt wird, wird Rucola wegen seines nussig-scharfen Aromas von vielen Köchen geschätzt. Großen Anteil haben daran die im Rucola enthaltenen Senföle. Doch bis Rucola seinen Weg in die hiesigen Kochtöpfe fand, musste einige Zeit vergehen. Vor rund einem Vierteljahrhundert galt Rucola eher als Unkraut denn als leckeres und gehaltvolles Blattgemüse. Durch die Verbreitung italienischer Gerichte gewann das ehemalige Wildkraut seit den 1980er-Jahren immer mehr an Beliebtheit. Auch bei der Salatalternative sollte wie bei der Zucchini darauf geachtet werden, dass nur frische Exemplare in den Powerdrink gelangen, denn alte Blätter versprühen eine bittere Note. Daher sollte der Rucola, der auch unter dem Begriff Rauke bekannt ist, am besten geerntet werden, bevor die Pflanze in der Blüte steht. Im Handel ist frischer Rucola, der aus dem Freiland stammt, ab dem Monat Juni erhältlich.

Grüne Smoothies

Die Powerdrinks sind die perfekte Symbiose aus Obst, Blattgemüse und Wasser. Im grünen Smoothie vereinigt sich die Süße des Obstes mit dem meist bitteren Geschmack des Blattgemüses. Die Bitterstoffe setzen das Immunsystem in Gang und fördern die Abwehrkräfte. Grüne Smoothies sind genau das Richtige für all diejenigen, die sich gesund ernähren, aber nicht auf leckere Drinks und Lebensmittel verzichten möchten.

Chinakohl-Pomelo

Fernöstliches Flair verströmt der Chinakohl-Pomelo-Smoothie. Dies liegt nicht nur am Chinakohl, der, wie es sein Name bereits andeutet, aus China stammt, sondern zugleich an den Mungobohnensprossen, die fester Bestandteil der asiatischen Küche sind. Aufgelockert wird das Ensemble durch das saure Aroma der Pomelo, die dem Powerdrink eine herrlich frische Note verleiht. Für die nötige Süße sorgen Birnen und Datteln. Ehrfürchtig wird der Chinakohl in China, wo er bereits seit dem 5. Jahrhundert angebaut wird, als „Zahn des weißen Drachens" bezeichnet. Es dauerte

Chinakohl-Pomelo

Zutaten für 4 Portionen: 4 Chinakohlblätter, 1 Pomelo, 2 Birnen, 4 Datteln, 1 EL Mungobohnensprossen, 1 EL Öl, Eiswürfel oder crushed ice.

Zubereitung (ca. 15 Minuten): Äußere Blätter des Chinakohls entfernen. Unteres Ende abschneiden. Blätter voneinander lösen, waschen, trocken schütteln und klein schneiden. Schale von der Pomelo mit einem scharfen Messer vorsichtig entfernen. Viertel herausschneiden, weiße Haut entfernen und Fruchtfleisch gewinnen. Birnen waschen, schälen, vierteln und vom Kerngehäuse befreien. Datteln und Mungobohnensprossen waschen. Chinakohlblätter, Pomelo, Birnen, Datteln und Mungobohnensprossen mit Öl pürieren. Mit Eiswürfeln oder crushed ice auffüllen und erneut mixen.

bis zum Ende des 19. Jahrhunderts, bis die mutmaßliche Kreuzung aus einer Rübenart und dem chinesischen Blattgemüse Pak-Choi auch in Europa bekannt wurde. Chinakohl, der ohne Strunk auskommt, gilt als leicht verdaulich und befördert dank des hohen Kaliumgehalts einen ausgeglichenen Wasserhaushalt. Für die Verarbeitung des Chinakohls müssen nur die Außenblätter entfernt werden.

Leckeres aus dem Orient

Der vitaminreiche Kohl verträgt sich sehr gut mit süßen Früchten. Datteln sind in diesem Fall perfekt. Die Früchte der Echten Dattelpalme werden bereits seit Jahrtausenden gezüchtet und gegessen. Die orientalische Kulturpflanze dient vielen als Einschlafhilfe, denn die Aminosäure Tryptophan, die sich im Körper zum Hormon Melatonin umwandelt, hat Einfluss auf unseren Schlafrhythmus. Mit einem Zuckeranteil von rund 70 Prozent sind Datteln natürliche Süßungsmittel. Die Früchte können von Diabetikern ebenfalls problemlos genossen werden, denn die Zuckerarten Glucose und Fructose sind leicht verträglich. Die Pomelo, eine Kreuzung aus Pampelmuse und Grapefruit, sorgt dafür, dass der Powerdrink nicht zu süß schmeckt. Äußerlich erinnert die Frucht aufgrund ihrer Form und der hellgrünen Schale an eine große Birne, doch geschmacklich ist sie weit davon entfernt. Ihr Aroma schwankt zwischen sauer und bitter.

Drachenfrucht-Feldsalat

An ferne Länder, aufregende Abenteuer und exotische Gerichte lässt uns die Drachenfrucht denken. Doch nicht nur ihr Name ist außergewöhnlich, auch ihre Farbe sticht ins Auge: Die Drachenfrucht leuchtet in einem auffälligen Pink. Je kräftiger ihre Färbung, umso reifer ist die Frucht, die zu 90 Prozent aus Wasser besteht. Trotz des hohen Wassergehalts finden sich im Obst viele Mineralstoffe wie Kalzium und Eisen, die die Eisen- und Knochenbildung unterstützen. Ihre Heimat hat die Drachenfrucht vermutlich im Süden Mexikos, inzwischen ist sie in sämtlichen tropischen Klimazonen zu Hause, z. B. in China, Israel und Vietnam. Für gelbe Drachenfrüchte muss häufig ein höherer Preis gezahlt werden, da die Variante nicht allzu oft angebaut wird. Ihnen gemeinsam ist jedoch das weiße Fruchtfleisch inklusive zahlreicher schwarzer Samen.

Drachenfrucht-Feldsalat

Zutaten für 4 Portionen: 2 Drachenfrüchte, zwei Handvoll Feldsalatblätter, 1 Limette, 2 Orangen, Eiswürfel oder crushed ice.

Zubereitung (ca. 10 Minuten): Drachenfrüchte jeweils quer halbieren und Fruchtfleisch herauskratzen. Feldsalatblätter waschen und trocken tupfen. Limette und Orangen heiß abwaschen, schälen und klein schneiden. Drachenfrucht, Feldsalatblätter, Limette und Orangen pürieren. Mit Eiswürfeln oder crushed ice auffüllen und erneut mixen.

> *Tipp*
> Ein übermäßiger Genuss von Drachenfrucht kann abführend wirken.

Nur sehr wenige Pitahayas mit rotem Fruchtfleisch, so der Zweitname der Drachenfrucht, gelangen in den Handel, da ihr Anbau schwierig ist. Ihr Geschmack ähnelt dem von Kiwis und Erdbeeren.

Vom Wegesrand auf den Teller

Während die Drachenfrucht bei uns erst in den vergangenen Jahren immer bekannter und beliebter geworden ist, hat der Feldsalat diesen Weg bereits hinter sich. Wuchs er in der Vergangenheit hauptsächlich am Wiesen- oder Ackerrand, wird er heute professionell angebaut und gilt inzwischen als Kulturpflanze. Vor allem in Baden-Württemberg, Rheinland-Pfalz und Nordrhein-Westfalen wird er vermehrt gezogen. Der Feldsalat kann in den unterschiedlichsten Formen vorliegen. Seine Blätter sind je nach Sorte länglich, rund, spitz oder ähneln einem Spatel oder einer Pinzette. Es werden hell- und dunkelgrüne Versionen angebaut. Erstere verfügen über größere Rosetten, die sich aus 5–20 Blättern zusammensetzen. Ihre Blätter wachsen sehr schnell. Dunkelgrüner Feldsalat schmeckt herzhafter als heller.

Fenchel-Zuckerrüben

Viele kennen Fenchel hauptsächlich in Form von Fencheltee, der liebend gern als natürliches Heilmittel gegen Erkältungen getrunken wird, denn die ätherischen Öle in den Fenchelsamen wirken vor allem Schnupfen- und Hustenerscheinungen entgegen. Doch nicht nur die Samen und die Früchte können verarbeitet werden, auch die fleischige Knolle, die nach Anis schmeckt, macht in verschiedenen Gerichten eine gute Figur. Es wird zwischen Bitter- und Süßfenchel unterschieden. Während der Bitterfenchel einen starken würzigen Geruch verströmt, bitter schmeckt und gelblich bis grün-bräunlich gefärbt ist, mutet der Süßfenchel seinem Namen entsprechend süß an und weist einen helleren Farbton auf. Beiden ist gemeinsam, dass sie einen hohen Kal-

Fenchel-Zuckerrüben

Zutaten für 4 Portionen: 1 Knolle Bitterfenchel inklusive Grün, 300 g Weintrauben, 2 Äpfel, 1 EL Zuckerrübensirup, Eiswürfel oder crushed ice.

Zubereitung (ca. 10 Minuten): Unteres Ende des Bitterfenchels abschneiden, die feinen Fäden nach oben hin abziehen. Fenchelgrün entfernen, waschen und fein hacken. Fenchelknolle waschen, halbieren und in kleine Stücke schneiden. Dabei den Strunkkegel entfernen. Weintrauben waschen. Äpfel waschen, schälen, entkernen und vierteln. Fenchelknolle und -grün, Weintrauben sowie Apfelviertel mit Zuckerrübensirup pürieren. Mit Eiswürfeln oder crushed ice auffüllen und erneut mixen.

ziumgehalt aufweisen sowie reich an verschiedenen Vitaminen sind. Die Fenchelknolle wird gern als Beilage zu Fleisch- und Fischgerichten gereicht. Das Blattgrün verwenden viele Köche vor allem zum Würzen von Suppen.

Zucker in flüssiger Form

Den geschmacklichen Gegenpart im Powerdrink zum Bitterfenchel bildet der Zuckerrübensirup. Er wird aus Zuckerrüben gewonnen, deren Zuckeranteil durchschnittlich bei rund 18 Prozent liegt. Die Ernte, umgangssprachlich auch als Kampagne bezeichnet, erfolgt von Mitte September bis Mitte Dezember. Die zur Familie der Fuchsschwanzgewächse zählende Zuckerrübe besteht zu Dreivierteln aus Wasser sowie zu einem Viertel aus Trockensubstanz. Die Trockensubstanz wiederum besteht u. a. aus Asche, beispielsweise Erdalkalimetallen, und organischen Bestandteilen wie Aminosäuren und Saccharose. Zuckerrüben vertragen sich nicht miteinander, daher werden sie in einer dreijährigen Fruchtfolge, meist Weizen, Gerste, Zuckerrübe, angebaut. Zuckerrübensirup, gern auch Rübenkraut genannt, wird aus dem Saft der Zuckerrüben gewonnen, der aus gekochten Rübenschnitzeln gepresst wird.

Grünkohl-Blutorangen

Kinder zum Essen von Obst und Gemüse zu überreden, ist oft nicht leicht, insbesondere wenn es sich hierbei um Grünkohl, Brokkoli oder Spinat handelt. Doch dem Powerdrink ist auf den ersten Blick (und den ersten Schluck) gar nicht anzumerken, dass er Grünkohlblätter enthält. Der würzige Geschmack wird durch die Säure der Pampelmuse aufgefangen. Für ein wenig Süße sorgen das Fruchtfleisch der Blutorangen sowie das der Banane. Der Grünkohl-Blutorangen-Smoothie sollte am besten im Herbst oder im Winter genossen werden, denn der Grünkohl entfaltet sein vollständiges Aroma, nachdem er über einen längeren Zeitraum kälteren Temperaturen ausgesetzt war. Daher wird er gern erst nach dem ersten Frost

Grünkohl-Blutorangen

Zutaten für 4 Portionen: 2 Handvoll Grünkohlblätter, 2 Blutorangen, 1 Pampelmuse, 1 Banane, 1 Bund Petersilie, 1 Prise Kardamom, 1 TL Salz, Eiswürfel oder crushed ice.

Zubereitung (ca. 15 Minuten): Grünkohlblätter vom Strunk lösen und Mittelrippen entfernen. Vor dem Kleinschneiden die Grünkohlblätter gründlich waschen. Blutorangen sowie Pampelmuse halbieren und Fruchtfleisch mit einem Löffel herauslösen. Banane schälen und in Scheiben schneiden. Petersilie waschen und trocken schütteln. Grünkohlblätter, Blutorangen- und Pampelmusenfruchtfleisch, Banane sowie Petersilie mit Kardamom und Salz pürieren. Mit Eiswürfeln oder crushed ice auffüllen und erneut mixen.

geerntet. Die niedrigen Temperaturen bewirken, dass der Zuckergehalt im Grünkohl steigt und er so an Süße gewinnt. Grünkohl ist dank seines hohen Eisen- und Proteingehalts die perfekte Alternative zu tierischem Eiweiß. Die Kohlart ist besonders nährstoffreich.

Es muss nicht immer Mettwurst sein

Grünkohl wird gern in Kombination mit Orangen gegessen. Für den Powerdrink müssen Blutorangen herhalten, die rotfleischige Variante der Orangen. An der Färbung des Fruchtfleischs kann abgelesen werden, wie süß die Blutorange ist: Je dunkler sie ausfällt, umso süßer ist die Frucht, die in diesem Stadium geschmacklich an Beeren erinnert. Die rötliche Färbung wird durch Temperaturunterschiede beeinflusst. Blutorangen wachsen vor allem in Ländern, in denen zwischen Tag- und Nachttemperaturen ein großer Unterschied herrscht. Dies ist besonders in mediterranen Ländern der Fall, aber auch in den USA sowie in Brasilien wachsen Blutorangen. Dem vitamin- und ballaststoffreichen Obst wird eine entzündungshemmende Wirkung nachgesagt. Es soll unter anderem das Krebsrisiko reduzieren.

Kohlrabi-Gartenkresse

Grüne Smoothies stecken voller Bitterstoffe, die den mitunter schwierigen Abnehmprozess unterstützen, indem sie auf einfache Weise Heißhungerattacken auf Süßigkeiten mildern: Das bittere Aroma, das die Bitterstoffe verbreiten, macht unsere Geschmacksnerven sensibler. Wir fühlen uns automatisch schneller gesättigt. Zugleich wird die Fettverdauung durch die Bitterstoffe gefördert. Dies ist auch bei dem leckeren Kohlrabi-Gartenkresse-Smoothie nicht anders. Kohlrabi, der über der Erde wächst und aus der Verdickung des Pflanzenstiels entsteht, wird in verschiedenen Sorten angeboten. Sie können anhand der Schalenfärbung unterschieden werden. Sie ist entweder weiß, grün, blau oder violett. Ihnen gemein-

Kohlrabi-Gartenkresse

Zutaten für 4 Portionen: 1 Kohlrabi, 1/2 Beet Gartenkresse, 2 Äpfel, 300 ml Apfelsaft, 1 Spritzer Zitronensaft, Eiswürfel oder crushed ice, Salz, Pfeffer.

Zubereitung (ca. 15 Minuten): Die Blattstiele vom Kohlrabi entfernen. Knollen von der Wurzel zum Blattansatz hin schälen. Bei jungen Exemplaren kann die Haut einfach abgezogen werden. Kohlrabi in Stücke schneiden. Gartenkresse waschen und trocken tupfen. Äpfel schälen, entkernen und klein schneiden. Kohlrabi, Gartenkresse und Äpfel mit Apfelsaft und Zitronensaft pürieren. Mit Eiswürfeln oder crushed ice auffüllen und erneut mixen. Smoothie mit Salz und Pfeffer abschmecken.

sam ist das weiße Fruchtfleisch. Die Knollen der Oberrübe, so ihr Alternativname, sind allesamt von einer Wasserschicht überzogen. Da die Knolle des Kohlgewächses keine harte Schicht aufweist, kann sie auch roh genossen werden. Sie ist leicht bekömmlich und erinnert geschmacklich nur entfernt an Kohl.

Fit in den Tag starten

Die für den Powerdrink benötigte Gartenkresse kann innerhalb kürzester Zeit selbst gezogen werden. Es reicht aus, wenn die Keimlinge im Winter in einer mit Küchenkrepp ausgelegten Schale gelagert werden. Es dauert in der Regel meist nur eine Woche, bis die Pflänzchen keimen. Im Frühling kann auf den Wiesen Gartenkresse frisch gepflückt werden. Dank ihrer Senföle verleiht sie jedem Gericht eine würzig-scharfe Note. Durch den Verzehr von Gartenkresse wird der Stoffwechsel angeregt, zugleich verhindert das Kraut die Entzündung der Harnorgane. Von Asthmatikern wird Gartenkresse sehr geschätzt, da die ätherischen Öle im Kreuzblütler die Atmung erleichtern. Auch gegen Frühjahrsmüdigkeit hilft ein Schluck vom Kohlrabi-Gartenkresse-Smoothie, denn das Kraut wirkt anregend.

Löwenzahn-Papaya

Jahrelang pflegte Löwenzahn ein tristes Dasein am Straßenrand oder im heimischen Garten, da ihm das Image eines unliebsamen Unkrauts anhaftete. Wer es achtlos in den Komposthaufen wirft, der beraubt sich um eine wunderbare Heilpflanze, denn Löwenzahn wird eine gesundheitsfördernde Wirkung nachgesagt. So befördert er z. B. die Galleproduktion zur Fettverdauung in der Leber. Zugleich soll er Nieren- und Gallensteine auflösen. Doch damit nicht genug: Der Korbblütler regt die Verdauungsorgane an, für eine Entschlackungskur ist er ebenfalls die perfekte Arznei. Bei Appetitlosigkeit ist Löwenzahn ein probates Heilmittel. Ein Schluck vom Löwenzahn-Papaya-Smoothie sorgt durch den enthaltenen Löwenzahnwurzelextrakt dafür,

Löwenzahn-Papaya

Zutaten für 4 Portionen: 2 Papayas, 1 Bund Löwenzahn, 3 Nektarinen, 1 haselnussgroßes Stück Ingwer, Eiswürfel oder crushed ice.

Zubereitung (ca. 10 Minuten): Mit einem Sparschäler die Schale von den Papayas entfernen. Papayas längs halbieren und mit einem Löffel die Kerne herauslösen. Fruchtfleisch klein schneiden. Löwenzahn putzen, Blütenknospen entfernen und waschen. Nektarinen waschen, bei Bedarf schälen, vom Kern befreien und klein schneiden. Ingwer schälen. Papayafruchtfleisch, Löwenzahn, Nektarinenstückchen und Ingwer pürieren. Mit Eiswürfeln oder crushed ice auffüllen und erneut mixen.

dass Blähungen und Völlegefühlen ein Ende gesetzt wird. Bei Rheumabeschwerden wirkt Löwenzahn wahre Wunder. Nach einem Schwächeanfall erhalten wir durch das Kraut einen neuen Energieschwung.

Tropische Köstlichkeit

Einen wunderbaren Gegenpart zum würzig-herben und leicht bitteren Löwenzahn bildet im Powerdrink das süßlich anmutende, meist orangerot gefärbte Fruchtfleisch der Papaya. Es ist besonders weich und zart. Zwischen über 50 verschiedenen Sorten kann gewählt werden, die aus den unterschiedlichsten Ländern stammen. Papayas sind aufgrund ihres niedrigen Säuregehalts leicht verträglich. Das Enzym Papain unterstützt die Verdauung, indem es Eiweiß abbaut. Weitere Enzyme wirken entwässernd und straffen auf diese Weise die Haut. Grüne Papayas sollten gemieden werden, da sie nicht ausgereift sind. Zwar reift die tropische Frucht nach, doch nur wenn die Schale bereits einen gelben Ton aufweist und die Papaya duftet, denn zu diesem Zeitpunkt ist sie bereits halbreif. Die Ähnlichkeit zu Zuckermelonen in Bezug auf ihren Geschmack und das Aussehen hat der Papaya den Zweitnamen Baummelone verpasst.

Physalis-Römersalat

Oftmals muss die Physalis als hübsches Beiwerk für Cocktails herhalten. Doch aus den süßen Früchten lässt sich im Handumdrehen mit wenigen Zutaten selbst ein leckeres Getränk, z. B. ein erfrischender Physalis-Römersalat-Smoothie, herstellen. Das aus Südamerika stammende Nachtschattengewächs ist auch unter dem Namen Kapstachelbeere bekannt. Die gelb-orangefarbene Frucht wird von hauchfeinen Blättern, die einem Lampion ähneln, vor Schäden geschützt. Gespickt ist sie mit reichlich Vitamin C sowie mit verschiedenen Mineralstoffen, unter anderem Phosphor und Kalzium. Das in der Frucht enthaltende Provitamin A schützt die Zellen. Der Verzehr des süß-säuerlichen Powerdrinks ist bei Harn-

Physalis-Römersalat

Zutaten für 4 Portionen: 1/2 Kopf Römersalat, eine Handvoll Physalis, 1/2 Ananas, 1/4 Gurke, Eiswürfel oder crushed ice.

Zubereitung (ca. 10 Minuten): Römersalat putzen, waschen und trocken schleudern. Blätter in kleine Stücke rupfen. Physalishülle öffnen, Frucht herausdrehen und waschen. Mit einem großen scharfen Messer die Schale von oben nach unten von der Ananas schneiden. Den Strunk herausschneiden, die Hälfte des Fruchtfleisches würfeln. Gurke waschen, bei Bedarf schälen und in Scheiben schneiden. Römersalatblätter, Physalis, Ananaswürfel und Gurkenscheiben pürieren. Mit Eiswürfeln oder crushed ice auffüllen und erneut mixen.

wegserkrankungen oder bei Problemen mit Nieren- oder Blasensteinen keine schlechte Idee, denn die Kapstachelbeere wirkt harntreibend und reinigend. Viele erinnert der Geschmack der Physalis an Ananas.

Harte Schale, weicher Kern

Ein Klassiker unter den zahlreichen Salatsorten ist neben dem Kopfsalat der Römersalat, der mitunter auch als Romanasalat oder Kochsalat bezeichnet wird. Sein gelbes, eine leicht süßliche Note aufweisendes Herz wird von dunkelgrünen Blättern umgeben. Wird das Herz ohne Umblätter angeboten, gelangt es unter der Bezeichnung Romana-Salatherz in den Handel. Im Laufe der Jahre hat sich das Aussehen des Vitamin-C-reichen Römersalates verändert: Während die Blätter in der Vergangenheit meist keine Einheit formten und voneinander abstanden, fügen sie sich inzwischen zu einem länglichen Kopf zusammen und gelten als selbstschließend. Gedünstet verändert der Römersalat seinen Geschmack, die Stiele erinnern anschließend ein wenig an Spargel. Gegenüber dem beliebten Kopfsalat ist der Römersalat kräftiger einzustufen und wird daher gern mit würzigen Dressings und Parmesan kombiniert.

Spinat-Avocado

Seit Jahren muss sich Spinat, ganz gleich welche Sorte, dem vor allem unter Kindern weit verbreitenden Ruf erwehren, dass er nicht schmecke. Als Füllung von Blätterteigtaschen, pur in Kombination mit Kartoffeln und Spiegelei oder in Form von Nudelsoßen beweisen die verschiedenen Spinatsorten das Gegenteil. Wegen ihrer schnellen Zubereitungsart werden sie nicht nur von Spitzenköchen weltweit geschätzt. Dass sie auch in Getränken schmecken, können viele nicht glauben. Der Spinat-Avocado-Smoothie beweist das Gegenteil. Für den Powerdrink sollte am besten Babyspinat verwendet werden, da er besonders fein ist und relativ früh geerntet wird. Er ist noch nicht vollständig ausgereift und weist daher kaum

Spinat-Avocado

Zutaten für 4 Portionen: 300 g Babyspinat, 1 Avocado, Zitronensaft, 1 Orange, 1 Banane, 1 EL Öl, Eiswürfel oder crushed ice.

Zubereitung (ca. 10 Minuten): Babyspinat putzen, waschen, trocken schütteln und zerrupfen. Avocado längs einschneiden. Hälften gegeneinander drehen und eine Seite vom Kern heben. Mit einem scharfen Messer den Kern entfernen. Avocadohälften mit Zitronensaft besprenkeln. Fruchtfleisch mit einem Löffel herauslösen. Bei festeren Avocados alternativ die Schale mit einem Sparschäler entfernen. Orange heiß abwaschen, schälen, weiße Häutchen entfernen und vierteln. Banane schälen und klein schneiden. Babyspinat, Avocodafruchtfleisch, Orange sowie Banane mit Öl pürieren. Mit Eiswürfeln oder crushed ice auffüllen und erneut mixen.

Tipp
Wenn gekochter Spinat schnell abgekühlt wird, z. B. indem er direkt in den Kühlschrank gestellt wird, kann er bedenkenlos am nächsten Tag wieder aufgewärmt werden.

Stiele auf. Babyspinat, der im Frühjahr eingebracht wird, schmeckt meist ein wenig süßlich und versprüht eine leicht bittere Note.

Von Mittelamerika nach Europa

Während Spinat bereits seit Jahrzehnten auf dem Speiseplan steht, hat die Avocado erst vor einigen Jahren Einzug in die heimische Küche gehalten, denn lange Zeit musste ein hoher Preis für die exotische Frucht gezahlt werden. Avocados wurden von den Azteken kultiviert und gelangten durch spanische Entdecker auf den europäischen Kontinent. In Deutschland sind vor allem die Sorten Fuerte und Hass bekannt. Erstere besitzt eine grüne Schale und erinnert optisch an eine Birne, letztere ist violett bis schwarz gefärbt und weist eine rundliche Form auf. Da das Fruchtfleisch schnell oxidiert und unansehnlich wird, sollte es nach dem Aufschneiden stets mit einem Spritzer Zitronensaft beträufelt werden. Zum Einkochen sind Avocados nicht geeignet, da sie durch das Erwärmen einen bitteren Geschmack erhalten. Im rohen Zustand weisen sie ein nussiges Aroma auf. Avocados reifen erst, nachdem sie vom Baum gepflückt wurden. Beim Einkauf sollten Exemplare mit einer harten Schale gewählt werden, da sie erst einige Tage vor der Verarbeitung liegen und auf diese Weise nachreifen sollten.

Stachelbeeren-Friséesalat

Ein Hauch von Exklusivität umweht der Stachelbeeren-Friséesalat-Smoothie, denn frische Stachelbeeren sind nur von Juni bis August erhältlich. Der Anbau gelingt nicht immer, da die Beeren empfindlich sind und nach Ende des Reifeprozesses schnell gepflückt werden müssen. Für den Powerdrink sollte zu roten Stachelbeeren, die eine glatte Schale aufweisen, oder zu ausgereiften grünen Exemplaren gegriffen werden. Säuerliche, grüngefärbte Stachelbeeren, deren Schale von kleinen Härchen und Streifen durchzogen ist, werden meist für Konfitüren und Kompott verwendet. Sie sind beim Pflücken oft noch nicht reif und sie lassen sich in diesem Zustand länger aufbewahren, ihre Schale hält äußerem Druck

Stachelbeeren-Friséesalat

Zutaten für 4 Portionen: 1/2 Kopf Friséesalat, eine Handvoll Stachelbeeren, 1 Orange, 1 Banane, 1 Apfel, 1 Kiwi, 1 EL Öl, Eiswürfel oder crushed ice.

Zubereitung (ca. 10 Minuten): Friséesalat putzen, waschen und trocken schleudern. Blätter in kleine Stücke rupfen. Stachelbeeren waschen. Orange heiß abwaschen, schälen, weiße Häutchen entfernen und vierteln. Banane schälen und klein schneiden. Apfel waschen, bei Bedarf schälen, vom Kerngehäuse befreien und vierteln. Kiwi halbieren und Fruchtfleisch mit einem Löffel herauslösen. Friséesalat, Orange, Banane, Apfelviertel und Kiwifruchtfleisch mit Öl pürieren. Mit Eiswürfeln oder crushed ice auffüllen und erneut mixen.

besser Stand. Denjenigen, die zu Besenreisern oder Krampfadern neigen, sei der Powerdrink empfohlen, denn das in den Stachelbeeren enthaltene Spurenelement Silicium stärkt die Blutgefäße. Zugleich senken die Früchte den Blutdruck und versetzen den Darm in Bewegung.

Kleiner Lockenkopf

Auch Friséesalat weiß wie grüne Stachelbeeren durch ein auffälliges Äußeres zu überzeugen. Im Gegensatz zu anderen Salatsorten formen sich seine Blätter nicht zu einem schönen runden Kopf, sondern stehen kraus in sämtliche Richtungen ab. Friséesalat schmeckt weitaus würziger als beispielsweise Eis- oder Feldsalat. Zudem haftet ihm eine leicht bittere Note an. Der bittere Geschmack ist typisch für Endivien, zu denen der Friséesalat, der auch Krause Endivie genannt wird, zählt. Ihre Außenblätter enthalten zahlreiche Bitterstoffe, die den Stoffwechsel sowie die Verdauung fördern. Zwischen Mai und September gelangt die Salatsorte, die nach fruchtigen Soßen und Dressings oder alternativ nach Obst als Beilage verlangt, auf den Markt. Die Köpfe stammen meist aus heimischem Anbau.

Tipp

Nierenkranke sollten den Powerdrink meiden, denn das in der Sternenfrucht enthaltene Nervengift kann für sie gefährliche Folgen haben.

Sternfrucht-Guave

Ihrem Namen macht die Sternfrucht in aufgeschnittenem Zustand alle Ehre. Wie ein vom Himmel gefallener Stern leuchtet uns die Frucht hellgelb entgegen. Wegen ihrer Ähnlichkeit mit einem Stern wird sie gern als Dekoration für Cocktails, Eisbecher oder den Weihnachtsschmaus verwendet. Weihnachten ist ein gutes Stichwort: Die Sternfrucht zählt neben Orangen, Mandarinen und Granatäpfeln zu den beliebtesten Obstsorten in der Weihnachtszeit. Nicht nur ihr hübsches Äußeres überzeugt, auch geschmacklich hat sie einiges zu bieten, denn die Frucht wartet mit einer Kombination aus süß und sauer auf. Teilweise erinnert ihr Aroma an Stachelbeeren. Kein Wunder, dass sie auch Baumstachelbeere genannt wird. Anderen ist sie hingegen unter dem Namen Karambole bekannt. Sollten die kalorienarmen, an Vitamin C reichen Sternfrüchte grün sein, sind sie nicht reif. Die Schale der Sternfrucht kann problemlos mitgegessen werden.

Die Unbekannte

Die Sternfrucht ist nicht die einzige exotische Zutat im Powerdrink, die Guave kann locker mithalten. Die aus Zentralamerika stammende Frucht hat hierzulande noch einen schweren Stand, nur wenigen ist bekannt, welche schmackhaften Gerichte aus ihr gezaubert

Sternfrucht-Guave

Zutaten für 4 Portionen: 1/2 Ananas, 3 Sternfrüchte, 1 Guave, 1 Banane, 1/2 Bund Stielmangold, Eiswürfel oder crushed ice.

Zubereitung (ca. 10 Minuten): Mit einem Messer die Schale von oben nach unten von der Ananas schneiden. Den Strunk herausschneiden, die Hälfte des Fruchtfleisches würfeln. Sternfrucht waschen und klein schneiden. Guave waschen, bei Bedarf schälen und klein schneiden. Banane schälen und klein schneiden. Stielmangold waschen und trocken tupfen. Stiele und Mittelrippe herausschneiden. Mangoldblätter in kleine Stücke rupfen. Ananas, Sternfrüchte, Guave, Banane und Mangold pürieren. Mit Eiswürfeln oder crushed ice auffüllen und erneut mixen.

werden können. Dabei ist die Sortenauswahl ähnlich wie bei Äpfeln immens. Das Fruchtfleisch ist orange, hellgelb, rosarot oder weiß gefärbt, das Aroma reicht von süß bis säuerlich. Da das Fruchtfleisch besonders weich, fast schon schleimig ist, kann es wunderbar für den Sternfrucht-Guave-Smoothie verwendet werden. Die zahlreichen Kerne sowie die Schale können ohne Bedenken verzehrt werden. Die Schale, an deren gelber Färbung abzulesen ist, dass die Frucht reif ist, wird jedoch von einer bitteren Note durchzogen. Daher wird sie von vielen gemieden. Wie auch die Sternfrucht weist die Guave einen hohen Vitamin-C-Gehalt auf.

Weiße Rübe-Estragon

An würzige Lakritzstangen lässt uns der Weiße-Rübe-Estragon-Smoothie denken. Schuld daran ist der Estragon, der einen Hauch von Anis verströmt. Das Küchenkraut, auch als Kaiser- oder Schlangenkraut bekannt, passt nicht zu jedem Gericht, da es stark aromatisch ist. Einen leicht bitteren sowie süßen Geschmack wird dem Französischen Estragon nachgesagt, der als besonders würzig gilt. Russischer Estragon mutet hingegen herb, mitunter bitter an. Er ist an seinen behaarten Blättern zu erkennen. Gern wird Estragon mit Quark und Butter vermischt oder für Vinaigretten verwendet. Frischer Estragon kann zwischen April und Juni gepflückt werden. Er sollte direkt verarbeitet werden, denn in getrocknetem Zustand verliert er an Aroma. Der Korbblütler regt die

Weiße Rübe-Estragon

Zutaten für 4 Portionen: Blätter einer weißen Rübe, 1 Handvoll Estragon, 3 Orangen, 2 Bananen, 1 Zitrone, Eiswürfel oder crushed ice.

Zubereitung (ca. 15 Minuten): Weiße Rübe waschen. Blätter entfernen und zerrupfen oder mit einem Messer klein schneiden. Estragon waschen und trocken tupfen. Orange heiß abwaschen, schälen, weiße Häutchen entfernen und vierteln. Bananen schälen und klein schneiden. Zitrone heiß abwaschen, schälen, weiße Häutchen entfernen, entkernen und vierteln. Rübenblätter, Estragon, Orangen, Bananen und Zitrone pürieren. Mit Eiswürfeln oder crushed ice auffüllen und erneut mixen.

Bildung der Magensäfte an und wird aus diesem Grund gern in Verbindung mit deftigen Lebensmitteln serviert. Auch hilft er bei Erkältungen.

Der Vorgänger der Kartoffel

Eine lange Tradition haben Speiserüben, zu denen auch die Weiße Rübe zählt. Sie wurden bereits im Altertum gezüchtet. Bis zum Aufkommen der Kartoffel galten Speiserüben als beliebtes Gemüse. Diesen Status haben sie inzwischen aber eingebüßt, in vielen Rezepten spielen sie nur noch eine untergeordnete Rolle. Die Weiße Rübe ist auch als Herbstrübe bekannt, da sie meist im Oktober und November geerntet wird. Einige Exemplare leuchten in den Herbstfarben Rot und Gelb. Im Gegensatz zu den im Mai und Juni angebotenen, süßlich schmeckenden Mairüben weisen sie ein herbes Aroma auf. Stielmus ist ebenfalls Teil der Herbst- und Mairüben. Hierbei handelt es sich um dicke Blattstiele der Rüben. Sie entstehen, wenn das Blattgemüse dicht aneinander gepflanzt wird und sich keine größeren Wurzeln entfalten können.

Smoothies auf Milchbasis

Anstelle von Obst- und Gemüsesäften werden für diese Sorte Smoothie verschiedene Milchprodukte zum Auffüllen herangezogen. Dies kann beispielsweise Joghurt in den verschiedensten Fettgehaltstufen, Milch, Frischkäse, Kefir, Buttermilch, Quark oder Sahne sein. Der Smoothie wird durch die Milchprodukte besonders cremig und erhält eine leicht säuerliche Note. Vielen dient der gehaltvolle Powerdrink als Frühstücksersatz.

Brombeeren-Vanilleeis

Die Sonne brennt vom Himmel herab, der Liegestuhl wartet, auf dem Balkontisch liegt ein Stapel Bücher – fehlt nur noch ein Brombeeren-Vanilleeis-Smoothie, der angenehme Abkühlung verspricht. Wenn die Früchte auch noch aus dem heimischen Garten stammen, ist der Powerdrink perfekt. Saison haben die Sammelsteinfrüchte im Spätsommer. Bis in den Oktober hinein können sie gepflückt werden. Aber auch tiefgekühlte Brombeeren eignen sich hervorragend für den Smoothie. Nicht erst seit heute sind Brombeeren als Heilpflanze bekannt, bereits in der Antike wurden sie als gesundheitsfördernde Frucht geschätzt. Brombeeren gelten als Beerenfrüchte mit dem höchsten Provitamin-A-Gehalt. Es wird vom Körper in Vitamin A umgewandelt und wirkt sich positiv auf die Sehkraft aus. Auch die Zellen werden durch die in Brombeeren enthaltenen Vitamine C und E geschützt. In freier Wild-

Brombeeren-Vanilleeis

Zutaten für 4 Portionen: 200 g Brombeeren, 100 g Himbeeren, 2 EL Zucker, 400 ml fettarme Milch, 3 Kugeln Vanilleeis, Eiswürfel oder crushed ice.

Zubereitung (ca. 15 Minuten): Brombeeren sowie Himbeeren verlesen und vorsichtig waschen. Obst mit Zucker, Milch und Vanilleeiscreme pürieren. Mit Eiswürfeln oder crushed ice auffüllen und erneut mixen.

bahn wachsende Früchte weisen eine stärkere Behaarung auf als Exemplare aus dem heimischen Garten.

Seit jeher ein Klassiker

Vanilleeis zählt zu den beliebtesten Eissorten der Deutschen. Auch außerhalb der Bundesrepublik erfreut sich die Sorte großer Beliebtheit. In den USA wird jedes Jahr am 23. Juli sogar der „National Vanilla Ice Day" gefeiert. Bereits seit dem 19. Jahrhundert wird die cremige Sorte angeboten. Vanilleeis wird zum Speiseeis gezählt, das aus Milch, Sahne, Eiern und Zucker hergestellt wird. Häufig wird für die Zubereitung nicht echte Vanille, sondern nur Vanillearoma herangezogen, da das Gewürz recht kostspielig ist. Das Gesetz sieht vor, dass angegeben werden muss, wenn Vanillearoma für das Speiseeis verwendet wurde. Da die Vanille im Eis das natürliche Aroma von vielen Früchten unterstreicht und verstärkt, passt es im Powerdrink perfekt zu den säuerlich-aromatischen Brombeeren, die besonders saftreich sind.

Buttermilch-Haselnuss

Viele setzen im Sommer an schwül-heißen Tagen anstatt auf Limonaden oder Bier auf eisgekühlte Buttermilch. Sie ist auch viel gesünder, denn sie ist fettarm und enthält wichtiges Eiweiß. Warum dann nicht einmal einen Buttermilch-Haselnuss-Smoothie probieren? Buttermilch ist ein natürliches Nebenprodukt der Buttergewinnung. Von der verarbeiteten Milch bleibt der wässrige Anteil zurück, aus dem der Trunk gewonnen wird. Buttermilch hat den Vorteil, dass sie viel Eiweiß enthält, aber im Gegensatz zu anderen Lebensmitteln wie z. B. Fleisch, das ebenfalls viel tierisches Eiweiß aufweist, nur wenige Kalorien hat. Dem Aufbau von Zähnen und Knochen kann bereits mit einem halben Liter auf die Sprünge gehol-

Buttermilch-Haselnuss

Zutaten für 4 Portionen: 2 Bananen, zwei Handvoll Haselnüsse, 1 EL brauner Zucker, 600 ml Buttermilch.

Zubereitung (ca. 10 Minuten): Bananen schälen und klein schneiden. Haselnüsse knacken. Falls nur ein Stabmixer zur Hand sein sollte, Haselnüsse mit einem Mörser, einer Kaffeemühle oder einem Messer zerkleinern. Banane und Haselnüsse mit Zucker sowie Buttermilch pürieren.

fen werden. Der hohe Kalziumanteil beugt zudem Knochenschwund vor. Auch die Darmflora hält das Getränk durch Säuremilchbakterien auf Trapp und fördert so die Verdauung. Da die zu den Sauermilchprodukten zählende Buttermilch bereits nach wenigen Schlucken sättigt, ist sie oft Teil von Diäten.

Allseits beliebt

Ein Großteil der verschiedenen Nusssorten enthält einen hohen Anteil gesunder Fette, so auch die Haselnuss. Vielen ist nicht bekannt, dass es unterschiedliche Haselnusssorten gibt. So können z. B. die Sorten Webers Preisnuss, Cosford und Dariane erstanden werden. Wie auch die Buttermilch verfügt die Haselnuss über reichlich Kalzium. Auch ist sie mit einem hohen Gehalt an Eisen sowie mit den Vitaminen A, B1, B2 und C gesegnet. Die Größe der Schale zeigt auf, wie schmackhaft ihr Inneres ist. Der Kern ist besonders aromatisch, wenn die Haselnuss relativ schwer ist und sie groß ausfällt. Gemahlene Haselnuss macht nicht nur in Gebäck eine gute Figur, sie kann auch als Ersatz für Mehl oder Stärke eingesetzt werden.

Feigen-Vanille

Feigen in getrockneter Form kennt fast jedes Kind, werden sie doch zuhauf in der kalten Jahreszeit in kleinen Pappschachteln angeboten. Das Aussehen frischer Feigen, einer der ältesten Früchtearten der Welt, können jedoch viele nicht einwandfrei beschreiben. Kein Wunder, werden sie erst seit gut 20 Jahren in dieser Form angeboten. Bis dahin galten sie als exotische Frucht aus dem Orient. Feigen erinnern von der Form her an Zwiebeln, ihre Schale ist jedoch blauviolett gefärbt. Ihr Fruchtfleisch, von zahlreichen Kernen durchzogen, leuchtet meist in einem kräftigen Rotton. Die Kerne sollten mitverzehrt werden, denn in ihnen verstecken sich wichtige Inhaltsstoffe. Gegenüber getrockneten Feigen, deren Fruchtsaft und Fruchtzucker sich während des Trocknungsprozess in der Sonne oder im Ofen kris-

Feigen-Vanille

Zutaten für 4 Portionen: 8 Feigen, 1 Banane, 1 Vanilleschote, 600 g Naturjogurt, Eiswürfel oder crushed ice.

Zubereitung (ca. 10 Minuten): Stiele von den Feigen entfernen. Von der Schnittstelle her die Haut mit einem Messer abziehen. Feigen halbieren. Banane schälen und klein schneiden. Vanilleschote mit einem scharfen Messer längs halbieren, Vanillemark herauskratzen. Feigen, Banane und Vanillemark mit Naturjoghurt pürieren. Mit Eiswürfeln oder crushed ice auffüllen und erneut mixen.

tallisiert, sind frische Feigen weniger süß. Zugleich punkten sie mit sättigenden Ballaststoffen.

Nichts geht über das Original

Bereits eine einzige Vanilleschote reicht aus, um dem Powerdrink eine besondere Note zu verleihen. Echte Vanille schmeckt nicht nur aufgrund der rund 200 natürlichen Einzelsubstanzen intensiver als künstliches Vanillearoma, sie ist auch weitaus gesünder. Ihre Heilkraft war bereits im 18. Jahrhundert bekannt, viele Apotheken führten Vanille in Pulverform, als Tinktur oder als Aufguss. Vanilleschoten wird eine belebende und zugleich aphrodisierende Wirkung nachgesagt. Einen Schluck vom Feigen-Vanille-Smoothie sollten vor allem diejenigen wagen, die von Neurodermitis oder Ekzemen geplagt werden. Vanille dämmt Pilzbefall ein, da das Gewürz pilztötende Stoffe beinhaltet. Darüber hinaus hat sie eine entzündungshemmende Wirkung. Viele schwören darauf, dass Echte Vanille auch bei Schlafstörungen und Angstzuständen hilft.

Johannisbeeren-Honig

Es muss nicht immer Zucker sein, um einen leicht bitteren oder sauren Smoothie zu süßen. Eine gesunde und natürliche Alternative ist z. B. Honig. Dies wussten schon die Ägypter, Römer, Germanen und Griechen. Bereits seit über 40 000 Jahren wird die „Speise der Götter" kultiviert. Nicht erst seit heute wird der Honig wegen seiner klärenden Wirkung gerne in Cremes und Peelings verwendet, auch die antiken Griechen versprachen sich von Honigtinkturen ein schöneres Äußeres. Über 200 verschiedene Aroma- und Geschmacksstoffe sind im Honig enthalten, die ihn so lecker und süßlich machen. Die Zusammensetzung des Honigs variiert mit den Gegebenheiten, welche die Bienen vorfinden. Je nachdem, welche Pflanzen besucht

Johannisbeeren-Honig

Zutaten für 4 Portionen: 300 g schwarze Johannisbeeren, 250 ml roter Johannisbeerensaft, 400 ml Kefir, 1 EL Honig, Eiswürfel oder crushed ice.

Zubereitung (ca. 5 Minuten): Johannisbeeren waschen und von den Stielen rupfen. Früchte mit Johannisbeerensaft, Kefir und Honig pürieren. Mit Eiswürfeln oder crushed ice auffüllen und erneut mixen.

wurden, entsteht eine bestimmte Honigsorte. Honig ist aber nicht gleich Honig. Blütenhonig z. B. wird größtenteils aus Nektar gewonnen, Honigtauhonig hingegen aus Honigtau. Im Honig sind schwache Säuren, u. a. Zitronen- und Essigsäure, enthalten, die eine appetitanregende Wirkung haben.

Tipp

Honig nicht neben geruchsintensiven Lebensmitteln wie Kaffee oder Käse lagern, da er schnell fremde Gerüche annimmt.

Kleine Vitaminbomben

Im Powerdrink fängt der Honig die leicht säuerlich-herbe Note der Johannisbeeren ab. Je heller ihre Färbung, desto milder ist ihr Geschmack. Johannisbeeren gibt es in den Farben Weiß, Rot und Schwarz. Saison haben sie zwischen Juni und September. Alle drei Sorten enthalten viel Vitamin C, Kalzium und Kalium. Schwarze Johannisbeeren stechen dennoch ein wenig hervor, denn sie weisen den sekundären Pflanzenstoff Anthocyan auf, der nicht nur für die dunkle Färbung verantwortlich ist, sondern freie Radikale in den Körperzellen abfängt. Zugleich ist sein Vitamin-C-Gehalt höher als der beiden anderen Sorten. Auf einfache Weise wird der Blutdruck reguliert und der Cholesterinspiegel gesenkt. Auch das Herzinfarktrisiko kann mit dem Verzehr von Johannisbeeren effektiv eingedämmt werden.

Mirabellen-Kefir

Milch mit Kohlensäure soll schmecken? Aber ja doch, wenn es sich hierbei um Kefir handelt. Er ist mit speziellen Kefir-Hefekulturen durchzogen, die sich in der Milch fortpflanzen und dadurch Kohlensäure bilden. In Kombination mit Milchsäurebakterien sorgen sie für den mild-sauren Geschmack des Kefirs. Nicht nur wegen seines prickelnden Aromas wird er im Kaukasus sowie in Tibet, seiner Heimat, geliebt, sondern auch wegen der zahlreichen belebenden Inhaltsstoffe. Im Kaukasus wird er auch als „Getränk der Hundertjährigen" bezeichnet. Im Kefir sind u. a. die Vitamine A, B1, B2, B6, B12, C sowie D zu finden. Zugleich wartet er mit den Mineralstoffen Jod, Eisen, Folsäure und Kalzium auf. Die Inhaltsstoffe beeinflussen die Darmflora und bekämpfen krankheitserregende Schädlinge. Bei

Mirabellen-Kefir

Zutaten für 4 Portionen: zwei Handvoll Mirabellen, 2 Bananen, 1 Zitrone, 1 TL Zimt, 400 ml Kefir, Eiswürfel oder crushed ice.

Zubereitung (ca. 10 Minuten): Mirabellen waschen, rundherum einschneiden und eine Hälfte vom Kern drehen. Mit einem Messer den Kern entfernen. Bananen schälen und klein schneiden. Zitrone heiß abwaschen, schälen, weiße Häutchen entfernen und klein schneiden. Mirabellen, Bananen und Zitrone mit Zimt und Kefir pürieren. Mit Eiswürfeln oder crushed ice auffüllen und erneut mixen.

Darminfektionen, aber auch bei Müdigkeit und Magengeschwüren ist der Smoothie eine gute Wahl. Auch gegen Bluthochdruck soll Kefir hilfreich sein.

Kleine Schwester der Pflaume

Die säuerliche Note des Kefirs vereint sich mit der Süße und der feinen Würze der Mirabellen – ein kongeniales Duo. Genau wie ihre Verwandten, die Pflaumen, werden die gelben Früchte hierzulande ebenfalls gern erstanden und angebaut. Fast die gesamte Ernte, die in der Bundesrepublik verkauft wird, stammt von heimischen Erzeugern. Die Heimat der zu den Rosengewächsen zählenden Früchte ist Persien. Über Frankreich gelangten die steinlösenden Mirabellen im 18. Jahrhundert nach Deutschland. Frische Mirabellen, an ihrer orangegelben Färbung zu erkennen, sollten rasch verarbeitet werden, da sie nicht lange aufbewahrt werden können. Im Spätsommer werden Mirabellen vom Baum geschüttelt und gelangen anschließend in den Handel. Sie werden nicht nur gern zu Likör verarbeitet, sondern sind in Georgien fester Bestandteil der scharf-sauren Soße Tqemali.

Kaktusfeigen-Quark

Wenn im Sommer die Sonne gnadenlos vom Himmel scheint, jede Bewegung schwerfällt, schwindet auch gleichzeitig die Lust zum Kochen. Viele greifen in diesem Fall auf das einfache Gericht Quark mit Früchten zurück. Beim Kaktusfeigen-Quark-Smoothie handelt es sich um eine schmackhafte Alternative, die nicht gelöffelt, sondern getrunken wird. Die Früchte werden zudem püriert. Quark wird allgemein zum Frischkäse gezählt, sein Fettgehalt schwankt abhängig vom Sahneanteil zwischen 10 und 85 Prozent in der Trockenmasse. Magerquark weist z. B. einen Fettgehalt unter 10 Prozent in der Trockenmasse auf. Der cremigweiche Aufstrich leistet u. a. in Form von Wickeln gute Dienste. Er kühlt nicht nur Insektenstiche und Sonnenbrand, sondern hilft zugleich

Kaktusfeigen-Quark

Zutaten für 4 Portionen: 3 Kaktusfeigen, 2 Birnen, 1 Zitrone, 500 g Magerquark, Eiswürfel oder crushed ice.

Zubereitung (ca. 10 Minuten): Wenn nötig, Stacheln der Kaktusfeigen entfernen. Kaktusfeigen mit einem scharfen Messer halbieren und Fruchtfleisch mit einem Löffel herauskratzen. Birnen waschen, schälen, vierteln und vom Kerngehäuse befreien. Zitrone heiß abwaschen, schälen, weiße Häutchen entfernen und klein schneiden. Kaktusfeigenfruchtfleisch, Birnenviertel und Zitrone mit Magerquark pürieren. Mit Eiswürfeln oder crushed ice auffüllen und erneut mixen.

bei Prellungen und Blutergüssen. Aber auch sonst fördert Quark die Gesundheit. Er versorgt den Körper mit Phosphat, wertvollen Eiweißstoffen und Kalzium.

Keine Sorge, sie stechen nicht!

Ein wenig bedrohlich wirken Kaktusfeigen mit ihren zahlreichen Stacheln. Ist die Schale erst einmal geknackt, verbirgt sich darunter relativ süßes Fruchtfleisch, das zahlreiche Vitamine beinhaltet. Die Frucht des Opuntienkaktus, der vor allem in Mexiko beheimatet ist, weist eine rote, gelbe oder grüne Färbung auf und erinnert geschmacklich ein wenig an Melone und Birne. Die im rot leuchtenden Fruchtfleisch gelagerten schwarzen Samen können ohne Bedenken mitgegessen werden. Es sollte stets darauf geachtet werden, dass die Kaktusfeige am oberen Ende keine Risse aufweist, denn sonst kann sie schnell verderben. Zudem sollte sie beim Kauf besonders weich und saftig sein, denn Kaktusfeigen reifen nicht nach. Am besten schmecken sie in gekühltem Zustand. Die fettarmen Früchte senken den Blutdruck sowie den Blutzuckerspiegel. Sie sind zudem reich an Vitamin C und zahlreichen gesunden Ballaststoffen.

Kokos

Mit dem cremigen Smoothie ist die Karibik nicht weit entfernt, denn hier kommt das Beste der Kokosnuss zum Einsatz. Für den Powerdrink werden sowohl das Fruchtfleisch der zu den Steinfrüchten zählenden hartschaligen Kugeln als auch Kokosmilch verarbeitet. Die häufige Annahme, dass die Kokosnuss stets eine braune, harte Schale aufweist, ist falsch. Sie kann auch gelb, rot oder grün gefärbt sein. Jüngere Kokosnüsse, die bereits nach sechs bis sieben Monaten von der Kokospalme gepflückt werden, werden als jelly nuts bezeichnet. Sie werden in ihrer Heimat, u. a. Sri Lanka und den Philippinen, häufig als erfrischender Drink angeboten: Indem der Kokosnuss ein Loch zu-

Kokos

Zutaten für 4 Portionen: 1/2 Kokosnuss, 1/2 Ananas, einige Blätter Zitronenmelisse, 100 ml Kokosmilch, 300 ml Buttermilch, 1 Spritzer Zitronensaft, Eiswürfel oder crushed ice.

Zubereitung (ca. 20 Minuten): In zwei der drei schwarzen Punkte auf der Kokosnuss mithilfe eines Nagels und eines Hammers Löcher schlagen. Kokoswasser abfließen lassen. Mit einer Holzsäge die Kokosnuss halbieren und mit einem scharfen Messer das Fruchtfleisch herausbrechen. Ebenfalls mit einem scharfen Messer die Schale der Ananas von oben nach unten schneiden. Den Strunk herausschneiden, die Hälfte des Fruchtfleisches würfeln. Zitronenmelisse waschen und trocken tupfen. Kokosnuss, Ananas und Zitronenmelisse mit 1 Spritzer Zitronensaft sowie Kokos- und Buttermilch pürieren. Mit Eiswürfeln oder crushed ice auffüllen und erneut mixen.

gefügt wird, gelangt man an das Kokoswasser. Nachdem es leer getrunken wurde, wird die Kokosnuss halbiert und das darin befindliche weiße Gelee gelöffelt. Kokosnüsse hängen bis zu einem Jahr an der Kokospalme, erst dann sind sie vollständig ausgereift.

Einfach lecker

Nicht aus dem Kokoswasser, sondern aus dem Fruchtfleisch wird Kokosmilch hergestellt. Das Fruchtfleisch wird geraspelt, mit Wasser vermengt und ausgepresst. Kokosmilch verhilft uns dank der mittelkettigen Fettsäuren zu neuer Power. Da sich die Fettsäuren jedoch nicht ins Fettgewebe einlagern, kann Kokosmilch ohne schlechtes Gewissen genossen werden. Viele setzen sie daher auch als Diätmittel ein. Zugleich versorgen die mittelkettigen Fettsäuren die Leber sowie die Lymphknoten mit neuer Energie. Kokosmilch vermindert das Herzinfarktrisiko und hilft bei Problemen mit Akne zu einem schöneren Hautbild. Sie gehört in vielen tropischen Ländern wegen ihrer gesundheitsfördernden Wirkung zu den Grundnahrungsmitteln. So wird Kokosmilch u. a. nachgesagt, dass sie die Schilddrüse bei einer Unterfunktion zu mehr Tätigkeit anregt.

Litschi-Minze

Litschis mögen vielleicht ein wenig gewöhnungsbedürftig aussehen, die kleinen roten oder rosafarbenen Bällchen mit den auffälligen, teilweise scharfen Noppen sind jedoch äußerst gesund. Sie liefern dem Körper wertvolles Vitamin C sowie verschiedene B-Vitamine, die den Stoffwechsel anregen. Das überaus saftige Obst ist zudem reich an Kalium, das die Erregbarkeit der Nerven- und Muskelzellen unterstützt, sowie an Folsäure und Magnesium. In ihrer Heimat, Südchina, gelten Litschis als Liebesfrucht. Dort werden sie bereits seit über 2000 Jahren kultiviert. Der weiße Samenmantel, dem ein dunkelbrauner Samenkern innewohnt, schmeckt süß-säuerlich. Im Nachgeschmack erinnert er ein wenig an Muskatnuss. Beim Öffnen der Litschis verströmt der Samenmantel einen angenehmen Rosenduft.

Litschi-Minze

Zutaten für 4 Portionen: 200 g Litschis, eine Handvoll Minzeblätter, 250 g Magerjoghurt, 2 TL Honig, 250 ml Kokosmilch, Eiswürfel oder crushed ice.

Zubereitung (ca. 10 Minuten): Litschis wie ein Ei pellen oder mit einem Messer schälen. Früchte einschneiden, Hälften auseinanderdrehen und Kern entfernen. Minzeblätter waschen und trocken tupfen. Litschis und Minzeblätter mit Magerjoghurt, Honig und Kokosmilch pürieren. Mit Eiswürfeln oder crushed ice auffüllen und erneut mixen.

Die ehemals als exotisch geltende, wasserhaltige Frucht ist inzwischen das gesamte Jahr über im Supermarkt erhältlich, da sie mittlerweile weltweit angebaut werden kann.

Leicht verdaulich und erfrischend

Die würzigen Minzeblätter im Powerdrink sorgen für Frische auf der Zunge. Von vielen werden sie im Sommer für ihr kühlendes und belebendes Aroma geschätzt. Hierfür sorgt das in den Blättern enthaltene Menthol. Über 20 Minzesorten sind weltweit bekannt. Besonders kräftig im Geschmack ist die Krause Minze, die an ihren gekräuselten Blättern zu erkennen ist. Sie versprüht einen Hauch von Kampfer und Kümmel. Ihr Mentholgehalt ist besonders hoch. Auch der Mentholanteil in der Marokkanischen Minze fällt hoch aus. Diese Sorte wird besonders gern zu Tee verarbeitet, der auch kalt genossen werden kann. Bei Magenproblemen hilft der Litschi-Minze-Smoothie wunderbar: Die Bitter- und Gerbstoffe in der Minze haben eine krampflösende sowie beruhigende Wirkung. Sie mildern zugleich Schmerzen, z. B. Muskel- und Nervenschmerzen.

Mandelmilch-Kakao

Wer sich vegan ernährt, muss nicht auf Milch-Smoothies verzichten, denn Mandelmilch z. B. wird auf rein pflanzlicher Basis hergestellt. Auch laktoseintolerante Menschen vertragen die Milchvariante in der Regel sehr gut. Mit nur wenigen Handgriffen lässt sie sich sogar selbst herstellen. Eine Handvoll geschälte Mandeln werden am Vortag in ein wenig Wasser eingeweicht. Mandeln in einen Mixer geben und mit einem halben Liter Wasser so lange mixen, bis sie die gewünschte Sämigkeit erreicht haben. Flüssigkeit durch ein feuchtes Tuch streichen. Durch einige Datteln, die entsteint sein sollten, damit sie püriert werden können, lässt sich die Mandelmilch bei Bedarf auf einfache Weise süßen. Mandelmilch ist

Mandelmilch-Kakao

Zutaten für 4 Portionen: 2 Bananen, 2 EL Kakaopulver, 1 TL Zimt, 100 g Haferflocken, 600 ml Mandelmilch, Eiswürfel oder crushed ice.

Zubereitung (ca. 5 Minuten): Bananen schälen und klein schneiden. Bananen mit Kakaopulver, Zimt, Haferflocken und Mandelmilch pürieren. Mit Eiswürfeln oder crushed ice auffüllen und erneut mixen.

reich an Mineralstoffen wie Kupfer, Kalzium und Magnesium. Da Mandeln viel Eiweiß enthalten, sättigt die Milch für längere Zeit und hilft beim Abnehmen.

Den Göttern geweiht

Kakaopulver wird aus den Samen des Kakaobaums gewonnen. Hierfür werden die Früchte gespalten und das Fruchtfleisch sowie die Bohnen hervorgeholt. Sie werden auf eine Lage Bananenblätter gelegt und mit einigen Exemplaren bedeckt, sodass beide anfangen zu gären, die Bohnen sich braun färben und die Bitterstoffe entzogen werden. Die Bohnen werden anschließend getrocknet, gereinigt, geröstet, veredelt und gemahlen. Die so entstandene flüssige Kakaomasse wird zu Kakaopulver weiterverarbeitet. Die Kakaopflanze wird bereits seit Jahrtausenden kultiviert, die ältesten Funde stammen aus dem Jahr 1100 v. Chr. Vor allem die Azteken, die die Kakaopflanze als ein Geschenk des Gottes Quetzalcoatl ansahen und sie daher als heilig verehrten, nutzten die Bohnen, um aus ihnen in Kombination mit Cayennepfeffer, Mais, Wasser, Salz und Vanille einen Gewürztrank herzustellen. Hauptanbaugebiet der Kakaopflanze ist die Elfenbeinküste, gefolgt von Indonesien.

Wassermelone-Joghurt

Zum Naschen, als kleine Mahlzeit für zwischendurch oder als fruchtiger Teil in selbst gemachten Limonaden ist ein Stückchen Wassermelone im Sommer genau die richtige Wahl. Auch in dem Wassermelonen-Jogurt-Smoothie sorgt es dank seines hohen Wassergehalts, der bei rund 95 Prozent liegt, für kalorienarme Erfrischung. Bereits die alten Ägypter wussten sich an heißen Tagen mit Wassermelonen zu behelfen. Doch nicht nur Wasser ist in der Melonensorte zu finden, auch Vitamin A, Eisen sowie Natrium lässt sich in der Wassermelone nachweisen. Sie sorgen im Zusammenspiel dafür, dass die Nieren entwässert und gereinigt werden. Die kleinen schwarzen Kerne werden von vielen gern mit einem Messerchen herausgekratzt, dabei liefern sie wert-

Wassermelone-Joghurt

Zutaten für 4 Portionen: 1/2 kleine Wassermelone, 1 Banane, 250 ml Milch, 125 g Naturjoghurt, 2 Kugeln Vanilleeis.

Zubereitung (ca. 10 Minuten): Mit einem scharfen Messer die Wassermelone teilen, Fruchtfleisch herauslösen und in kleine Stücke schneiden. Banane schälen und klein schneiden. Wassermelone und Banane mit Milch, Naturjoghurt sowie Vanilleeis pürieren.

volle Mineralstoffe, Vitamine, Eiweiß und Fett. Trotz der dicken Schale lässt sich leicht feststellen, ob die Wassermelone reif ist oder nicht. Wenn beim Klopfen auf die Melone ein hohler Klang ertönt, muss sie noch ein wenig liegen. Bei einem klangvollen Ton kann sie gekauft werden.

Ohne künstliche Zusätze

Wer beim Abnehmprozess nicht nur auf Wassermelonen, sondern gleichzeitig auf Naturjoghurt setzt, macht alles richtig, denn auch er enthält wie das Obst nur wenige Kalorien. Seine Inhaltsstoffe fördern unsere Gesundheit auf vielfältige Weise: Die probiotischen Kulturen im Joghurt z. B. beeinflussen die Darmtätigkeit. Auch das Immunsystem wird durch die Milchsäurebakterien geschützt und gefördert, da sie krankheitserregende Keime abtöten. Doch worin unterscheidet sich Naturjoghurt von anderen Joghurtsorten? Der Naturjoghurt kommt ohne Konservierungsstoffe und Speisegelatine aus und wird aus Milch (alternativ Sahne) und Milchsäurebakterien hergestellt. Da er keine Früchte oder Fruchtzubereitungen enthält, mutet er recht säuerlich an. Naturjoghurt ist in verschiedenen Fettstufen erhältlich.

Smoothies mit Pfiff

Da die Zusammensetzung der Smoothies keinen bestimmten Richtlinien unterliegt, können die Zutaten frei gewählt werden. So bietet es sich an, für den Powerdrink auch einmal zu Bratäpfeln, Spargel, Chilischoten oder Erdnussbutter zu greifen. Durch die Zugabe von frischen Früchten und Gemüse sowie durch das Beimischen von verschiedenen Milchprodukten erhalten sich die Smoothies ihre gesunde Note.

Apfelmus-Zimt

Für den Powerdrink muss es nicht zwangsläufig Apfelmus aus dem Glas sein, denn die breiige Köstlichkeit lässt sich im Handumdrehen selbst herstellen. Hierfür einfach ein halbes Kilo Äpfel schälen, vierteln, vom Kerngehäuse befreien und in kleine Würfel schneiden. Die Schale einer halben unbehandelten Zitrone reiben und zu den Apfelwürfeln geben. Apfelwürfel und Zitronenabrieb mit 170 g Zucker mischen und in einem Topf zugedeckt zum Kochen bringen. Hitze reduzieren und den Brei für rund 30 Minuten zugedeckt weiter köcheln lassen. Umrühren nicht vergessen! 30 g Butter und 1 EL Zitronensaft einrühren und noch heiß in Einmachgläser füllen und verschließen. Die Gläser vorher mit kochendem Wasser ausspü-

Apfelmus-Zimt

Zutaten für 4 Portionen: 400 g Blaubeeren, Mark von 1 Vanilleschote, 250 g Apfelmus, 125 g fettarmer Joghurt, 1 Prise Zimt, 50 g brauner Zucker.

Zubereitung (ca. 10 Minuten): Blaubeeren waschen. Vanilleschote mit einem scharfen Messer längs halbieren, Vanillemark herauskratzen. Blaubeeren und Vanillemark mit Apfelmus, Joghurt, 1 Prise Zimt und Zucker pürieren.

len, damit sie ausreichend steril sind. Spritzer am Verschluss entfernen, da sie sonst schnell schimmeln können und das Apfelmus verderben. Natürlich kann Apfelmus auch direkt frisch genossen werden.

Ein Hauch von Weihnachten

Ein perfektes Paar, nicht nur im Apfelmus-Zimt-Smoothie, bilden Äpfel und eine Prise Zimt. Der Geruch von Zimtstangen lässt uns umgehend an Weihnachten denken, ist doch das Gewürz eines der beliebtesten in der Weihnachtsbäckerei. Bereits seit mehreren Jahrhunderten wird Zimt, genauer gesagt Ceylon-Zimt, als Gewürzmittel verwendet. Vor allem die Araber begannen früh mit dem Handel von Zimtstangen. Es dauerte bis zum 14. Jahrhundert, bis das herrlich duftende Gewürz auch in Europa bekannt wurde. Die Zimtrinde ist reich an ätherischen Ölen. Wenn aufgrund von Völlegefühl oder Blähungen Appetitlosigkeit besteht, hilft wohlmöglich ein Schluck vom Smoothie, denn Zimt fördert das Wohlsein sowie die Darmtätigkeit. Zudem soll Zimt den Blutzuckerspiegel beeinflussen. In den meisten Supermärkten wird Cassia-Zimt angeboten, der leberbelastendes Kumarin enthält. Diese Sorte ist an einer einzelnen dicken Rinderschicht sowie am Hohlraum zu erkennen.

Bratapfel

Die Adventszeit ohne Bratäpfel? Undenkbar! Die süßliche Köstlichkeit gehört genauso zu Weihnachten wie Zimtsterne und Christstollen. Unser Smoothie lässt den Bratapfel in ganz neuem Licht erscheinen: Er wird nicht im Ganzen gegessen, sondern püriert und um ein paar gesunde Zutaten wie Sojamilch und Haferflocken ergänzt. Ob in einen Bratapfel Marzipan gehört oder nicht, daran scheiden sich die Geister. Auch die Füllung unterscheidet sich von Koch zu Koch. Viele entscheiden sich für eine Füllung aus Mandeln, Haselnüssen, Honig, Rosinen und Zucker. Auch herzhafte Bratapfel-Füllungen gewinnen immer mehr an

Bratapfel

Zutaten für 4 Portionen: 3 Äpfel, 100 g Haferflocken, 100 g Haselnussstifte, 100 g Mandelstifte, Zimt, Honig, Butter, 250 g Naturjoghurt, 300 ml Sojamilch.

Zubereitung (ca. 30 Minuten): Backofen auf 150 °C vorheizen. Äpfel waschen, Boden bei Bedarf gerade schneiden und mit einem Löffel das Gehäuse entfernen. Äpfel mit Haferflocken, Haselnuss- sowie Mandelstiften und Zimt füllen. Mit Honig und einem Klecks Butter abschließen. Äpfel im vorgeheizten Backofen für ca. 15 Min. backen. Bratäpfel etwas abkühlen lassen und mit Naturjoghurt und Sojamilch pürieren.

Beliebtheit. Häufig gelangen in diesem Fall herzhafter Käse wie Camembert oder Gorgonzola oder aber Schinkenwürfel und Zwiebeln in den Apfel. Die säuerlichen Apfelsorten Cox Orange sowie Boskop bieten sich am besten für Bratäpfel an.

Die etwas andere Milch

Damit der Bratapfel-Smoothie nicht zu süß wird, wird er mit Sojamilch aufgefüllt. Der Begriff Sojamilch ist eigentlich nicht korrekt, richtig müsste es in Deutschland Sojadrink heißen, denn hierbei handelt es sich wie bei Mandelmilch nicht um Milch im eigentlichen Sinne. Sojamilch wird auf pflanzlicher Basis hergestellt, indem Sojabohnen mit Wasser püriert werden. In der Bundesrepublik dürfen Flüssigkeiten nur Milch genannt werden, wenn sie aus einem Euter stammen. Während das Getränk bei uns erst seit einigen Jahren im Handel erhältlich ist und früher fast nur Veganern bekannt war, gehört sie in verschiedenen Ländern Asiens bereits seit Jahrtausenden zum Grundnahrungsmittel. Und das aus gutem Grund: Sojamilch ist fettarm und weist einen hohen Eiweißgehalt auf. Die Konsistenz unterscheidet sich deutlich von herkömmlicher Milch. Sojamilch ist dickflüssiger, leicht sämig. Dennoch kann sie ebenfalls zum Backen verwendet werden.

Chili-Koriander

Nichts für Zartbesaitete ist der Chili-Koriander-Smoothie, der durch seine scharfe Note zu überzeugen weiß. Gleichzeitig macht uns der Powerdrink glücklich. Wie das? Die Schärfe der Chilischote wird vom Körper als Schmerz wahrgenommen. Sobald er abgeklungen ist, macht sich in uns ein Glücksgefühl breit, die Ausschüttung von Endorphinen ist daran schuld. Die Chilischote gilt als schärfste unter den Schoten. Ihr Schärfegrad wird anhand der Scoville-Skala gemessen. Außer ihrem auffälligen Geschmack hat das Gemüse noch mehr zu bieten: Es ist reich an Vitaminen, u. a. Vita-

Chili-Koriander

Zutaten für 4 Portionen: 1 Gurke, 1 Avocado, Zitronensaft, 1 kleine grüne Chilischote, 1 Limette, 4 Stängel Koriander, 250 fettarmer Joghurt, Salz, Pfeffer, Eiswürfel oder crushed ice.

Zubereitung (ca. 15 Minuten): Gurke schälen und in Scheiben schneiden. Avocado längs einschneiden. Hälften gegeneinander drehen und eine Seite vom Kern heben. Mit einem scharfen Messer den Kern entfernen. Avocadohälften mit Zitronensaft besprenkeln. Fruchtfleisch mit einem Löffel herauslösen. Bei festeren Avocados alternativ die Schale mit einem Sparschäler entfernen. Chilischote waschen, längs halbieren und bei Bedarf mit einem Messer oder einem Apfelausstecher entkernen. Dabei die Chilischote am oberen Ende festhalten. Limette heiß abwaschen, schälen, von weißen Häutchen befreien und klein schneiden. Wenn nötig, Wurzeln vom Koriander schneiden. Koriander waschen und trocken tupfen. Gurkenscheiben, Avocadofruchtfleisch, Chilischote, Limette und Koriander mit Joghurt pürieren. Mit Eiswürfeln oder crushed ice auffüllen und erneut mixen. Smoothie mit Salz und Pfeffer abschmecken.

min A, B1, C und E. In gekochter Form halten Chilischoten doppelt so viel Vitamin C wie Zitronen bereit. Auch reichlich Kalzium und Eisen sind in den Schoten zu finden. Kerne aus kleineren Chilischoten lassen sich leicht entfernen, indem man mit einem Apfelausstecher entlang der beiden halbierten Hälften fährt.

Intensiver schmecken

Der Stoff Capsaicin verleiht der Chilischote nicht nur ihre Schärfe, sondern hat den zusätzlichen Effekt, dass neben den Hitzerezeptoren auch die benachbarten Geschmacksnerven sensibilisiert werden. So schmeckt z. B. die Limette im Chili-Koriander-Smoothie noch saurer. Unterstützung erhält die Chilischote durch Koriander. Doch nicht die Samen werden für den Powerdrink verarbeitet, sondern das Koriandergrün. Es schmeckt entgegen dem zitronig-pfeffrigen Duft säuerlich-scharf. Die Blätter sollten am besten erst zum Abschluss dazugegeben werden, da ansonsten das Aroma verloren geht. Zum Würzen sollten die Stängel ebenfalls stets in frischem Zustand verwendet werden, denn getrocknet sind sie weniger aromatisch. Das Gewürz findet vor allem in der asiatischen Küche Verwendung.

Frischkäse

Ob zum Frühstück, als Teil eines Käsekuchens oder pur auf einem Stück Brot, Frischkäse ist vielfältig einsetzbar. Auch den ein oder anderen Smoothie bereichert er mit seiner cremigleichten Note. Generell werden zum Oberbegriff Frischkäse u. a. auch Ricotta, Quark, Hüttenkäse und Mascarpone gezählt. Viele setzen Frischkäse jedoch mit Doppelrahmkäse gleich, der einen neutralen Geschmack aufweist. Frischkäse, den es in den verschiedensten Fettstufen gibt, muss im Vergleich zu vielen anderen Käsesorten nicht lange reifen. Sein Wassergehalt in der fettfreien Käsemasse muss in der Bundesrepublik gemäß Käseverordnung mehr als 73 Prozent betragen. Für die Herstel-

Frischkäse

Zutaten für 4 Portionen: 4 Kiwis, 2 Bananen, 200 g Doppelrahmfrischkäse, 400 g Ayran, Zitronensaft, Eiswürfel oder crushed ice.

Zubereitung (ca. 5 Minuten): Kiwis halbieren und Fruchtfleisch mit einem Löffel herauslösen. Bananen schälen und klein schneiden. Kiwifruchtfleisch und Bananen mit Doppelrahmfrischkäse, Ayran und Zitronensaft pürieren. Mit Eiswürfeln oder crushed ice auffüllen und erneut mixen.

lung darf nur pasteurisierte Milch herangezogen werden. Fettarmer Frischkäse kann auch von Diabetikern genossen werden. In der Regel weist er eine glatte Struktur auf, einzig Hütten- sowie Schichtkäse haben eine körnige Konsistenz.

Eiskalt genießen

Was Kefir im Kaukasus und Lassi in Indien ist, ist Ayran in der Türkei: Der Joghurtdrink zählt hier neben Tee zum Nationalgetränk. Er besteht aus Vollfettjoghurt, Wasser und Salz, wobei mit zwei Dritteln der Joghurtanteil überwiegt. Der Joghurt wird entweder aus Schafsmilch oder aus Kuhmilch, denen bestimmte Kulturen zugefügt werden, hergestellt. In gekühltem Zustand entfaltet er sein volles Aroma und schmeckt besonders erfrischend. Vor allem im Sommer, wenn der Appetit aufgrund der hohen Temperaturen nicht allzu üppig ausfällt, weiß das Joghurtgetränk mit dieser Eigenschaft zu punkten. Gelegentlich wird der ein wenig salzig anmutende Ayran mit Gewürzen wie Basilikum, Zitronenmelisse oder Minze verfeinert. Vereinzelt ist er auch in einer fruchtigen Variante erhältlich. Da er recht fettarm ist, ist Ayran häufig Teil eines Diätplans. Viele verwenden ihn auch als Sahnealternative zum Kochen.

Erdnussbutter

Während bei uns Erdnussbutter nur selten auf dem Küchentisch landet, gehört das peanut butter and jelly sandwich, ein Erdnussbutter-sandwich bestehend aus Weißbrot, Erdnussbutter und Marmelade, in den USA in vielen Haushalten zum täglichen Frühstück. Der Erdnussbutter-Smoothie erhält einen gesunden Anstrich durch die Zugabe von Bananen, Honig und Milch. Die kalorienreiche Creme wird in den Sorten creamy und crunchy angeboten. Die creamy-Variante lässt sich wie eine Nuss-Nougat-Creme leicht verstreichen, crunchy-Erdnussbutter wartet mit kleinen Erdnussstückchen auf. Die Amerikaner sind sich mehr als bewusst, dass der übermäßige Verzehr von Erdnussbutter auf die Dauer gesundheitsschädigend ist. Daher wird sie in den USA inzwischen auch in der Variante low fat (wenig Fett)

Erdnussbutter

Zutaten für 4 Portionen: 3 Bananen, 1 EL Honig, 100 g Erdnussbutter, 600 ml fettarme Milch, Eiswürfel oder crushed ice.

Zubereitung (ca. 5 Minuten): Bananen schälen und klein schneiden. Bananen mit Honig, Erdnussbutter und Milch pürieren. Mit Eiswürfeln oder crushed ice auffüllen und erneut mixen.

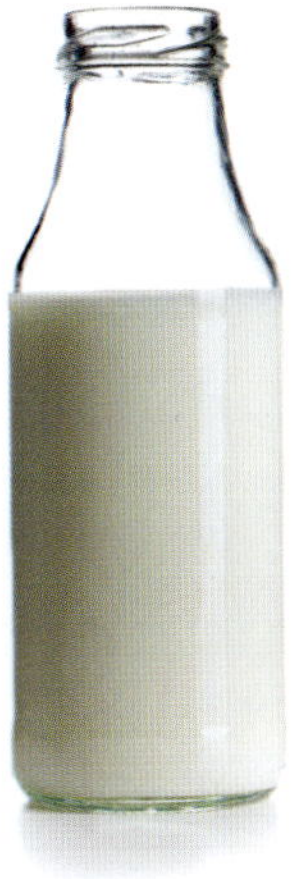

und low sodium (wenig Salz) angeboten. Für die Herstellung von Erdnussbutter werden Erdnüsse gemahlen sowie mit Zucker, Salz und Öl zu der dicklichen Creme verarbeitet.

Unbeschwerter Genuss

Als Erfinder der industriell gefertigten Erdnussbutter gilt der US-Amerikaner John Harvey Kellogg (1852–1943), der Vater der Cornflakes. 1895 meldete er sein Erdnussmehl zum Patent an. Der Arzt suchte nach einem nahrhaften Mahl für seine Patienten, denen die Zähne ausgefallen waren, und kam auf die Idee, Erdnüsse zu mahlen. Die in Deutschland angebotenen Erdnusspasten oder Erdnusscremes unterscheiden sich nicht von den amerikanischen Erdnussbuttersorten. Lediglich die Bezeichnung ist eine andere, denn in Deutschland dürfen nur Produkte mit dem Wort Butter bezeichnet werden, die einen Milchanteil aufweisen. Erdnussbutter wird nicht nur pur genossen, sondern auch gern in Soßen verarbeitet, die zu Nudeln, Fleisch oder Gemüse gereicht werden. Vor allem in der asiatischen Küche ist Erdnusssoße als Beilage sehr beliebt.

Kaffee

Kaffee wird immer und überall getrunken, sei es zum Frühstück, als Begleiter zum Kuchen oder als kleiner Muntermacher gegen die Müdigkeit. Mit dem leckeren Kaffee-Smoothie lernen Sie das koffeinhaltige Heißgetränk einmal von einer anderen Seite kennen. Mit Bananen, Mandeln und Eiswürfeln verwandelt er sich zu einem cremigen Powerdrink, mit dem der Start in den Tag wunderbar gelingt. Jeder hat bei der Zubereitung des weltweit beliebten Getränks seine speziellen Vorlieben. Der eine bevorzugt Filterkaffee, der andere setzt lieber auf Bohnen aus Brasilien. Immer größerer Beliebtheit erfreuen sich helle Röstungen aus skandinavischen Ländern. Die Bohnen werden nur kurz

Kaffee

Zutaten für 4 Portionen: 600 ml Kaffee, 4 Bananen, eine Handvoll Mandeln, 4 TL Zucker, 2 TL Vanillezucker, Eiswürfel oder crushed ice.

Zubereitung (ca. 10 Minuten): Kaffee aufkochen. Bananen schälen und klein schneiden. Mandeln bei Bedarf mit einem Messer oder einer Kaffeemühle zerkleinern. Kaffee, Bananen und Mandeln mit Zucker und Vanillezucker pürieren. Mit Eiswürfeln oder crushed ice auffüllen und erneut mixen.

Tipp

Kaffee sollte nicht im Kühlschrank oder neben geruchsintensiven Lebensmitteln aufbewahrt werden, da er schnell deren Gerüche annimmt.

geröstet. Der Kaffee schmeckt aromatischer als Kaffee aus italienischen Röstungen. Zugleich ist er etwas säurebetonter.

Besser als sein Ruf

Lange Zeit haftete Kaffee das Image an, dass er ungesund sei. Doch inzwischen haben Studien belegt, dass ein maßvoller Genuss nicht schädlich ist. Kaffee soll sogar einen leichten Schutzeffekt gegenüber Diabetes haben. Pflanzenwirkstoffe wie Chlorogensäure wirken sich positiv auf den Stoffwechsel aus. Auch soll der regelmäßige Konsum von Kaffee das Krebsrisiko, vor allem das Hautkrebsrisiko, senken. Einer der beliebtesten Kaffeesorten ist der Arabica-Kaffee, dessen Bohnen als die hochwertigsten ihrer Art gelten. Sein Aroma wird als besonders edel eingestuft, der Koffeingehalt gegenüber beispielsweise Robusta-Bohnen beträgt nur die Hälfte. Die Arabica-Bohnen sind an ihrem wellenförmigen Einschnitt zu erkennen. Robusta-Bohnen, die eine kurze Reifezeit aufweisen und gegenüber Hitze besonders beständig sind, weisen hingegen einen geraden Einschnitt auf. Als teuerster Kaffee der Welt gilt der Kopi Luwak. Die Bohnen werden vor der Verarbeitung von der Schleichkatzenart Fleckenmusang gefressen und ausgeschieden.

Mandeln-Rosinen

Dass Mandeln und Rosinen nicht nur in Kuchen und Gebäck schmecken, sondern auch Getränke wunderbar verfeinern, beweist der leckere Mandeln-Rosinen-Smoothie. Mandeln schmecken nicht nur köstlich, sie sind auch gesund. Sie weisen einen hohen Gehalt an Vitamin A und E auf. Darüber hinaus können in den kleinen Leckereien zahlreiche Spurenelemente und Mineralstoffe wie Eisen ausgemacht werden, die bei der Regeneration des Bindegewebes helfen. Mandeln wird nachgesagt, dass sie Krebs vorbeugen sollen. Zwar enthalten Mandeln reichlich Fett, doch das Mandelfett wird vom Körper nur unzureichend verarbeitet. Der Stoffwechsel wird auf diese Weise re-

Mandeln-Rosinen

Zutaten für 4 Portionen: 50 g Mandelblättchen, 2 Orangen, 2 Bananen, 1/2 Ananas, 300 g Magermilchjoghurt, 100 ml Magermilch, 50 g Rosinen.

Zubereitung (ca. 10 Minuten): In einer Pfanne Mandelblättchen ohne die Zugabe von Fett goldgelb rösten. Orange heiß abwaschen, schälen, weiße Häutchen entfernen und vierteln. Bananen schälen und klein schneiden. Mit einem großen scharfen Messer die Schale von oben nach unten von der Ananas schneiden. Den Strunk herausschneiden, die Hälfte des Fruchtfleisches würfeln. Orangenviertel, Bananen und Ananasfruchtfleisch mit Magermilchjoghurt, Magermilch und Rosinen pürieren. Smoothie mit Mandelblättchen dekorieren.

guliert. Dennoch sollten Mandeln gut gekaut werden, da sie ansonsten lange ungenutzt im Magen verweilen. Mandeln weisen einen hohen Eiweißgehalt auf und sind deshalb für Veganer eine gute Wahl. Die bräunliche Haut sollte an der Mandel belassen werden, denn in ihr verbergen sich viele Ballaststoffe. Ihr Kalziumanteil ist doppelt so hoch wie der eines normalen Joghurts.

Der gesunde Ersatz für Süßigkeiten

Auf den ersten Blick ist nicht gleich zu erkennen, dass die bräunlich gefärbten Rosinen ehemals Weintrauben waren. Nach dem Pflücken der Weintrauben werden sie in der Sonne oder im Schatten getrocknet. Ihre Feuchtigkeit wird auf 15–18 Prozent reduziert. Dank des hohen Fruchtzuckeranteils verleihen sie dem Smoothie natürliche Süße, ohne dick zu machen. Viele naschen Rosinen daher gern als gesunde Alternative zu Süßigkeiten. Die Glukose sowie die Fructose sorgen dafür, dass der Körper neue Energie erhält. Gleichzeitig haben die in den Rosinen enthaltenen Mineralstoffe, u. a. Eisen, Kalzium, Phosphor und Kalium, eine positive Wirkung auf das gesamte Nervenkostüm. Auch auf die Hirntätigkeit nimmt der Verzehr von Rosinen Einfluss und verbessert die Leistungsfähigkeit.

Rosenblüten-Pfeffer

Welche Frau freut sich nicht, an Valentinstag, zum Geburtstag oder als nette Geste von ihrem Liebsten einen Strauß Rosen geschenkt zu bekommen? Sie in Form eines Rosenblüten-Pfeffer-Smoothies zu erhalten, wäre bestimmt auch eine nette Idee. Rosen sind nicht nur hübsch anzusehen, die Blätter werden vereinzelt auch gern zu Tees, Badezusätzen und Cremes verarbeitet. Auch für die Dekoration sowie die Aromatisierung von Süßspeisen werden sie vor allem in arabischen Ländern häufig genutzt. Gern werden Cremes auf Rosenbasis bei Augenringen oder stark beanspruchter Haut angewendet. Auch innerlich vollbringen Rosen, die reich an gesättigten Fettsäuren, Gerbstoffen und Vitaminen sind, wahre Wunder. Sie sollen u. a. gegen Kopfschmerzen, Heuschnupfen und Schwindelanfälle helfen.

Rosenblüten-Pfeffer

Zutaten für 4 Portionen: 300 g gemischte Beeren, 1 TL Rosa Pfefferbeeren, 1 Vanilleschote, 1 TL getrocknete Rosenblüten, 400 ml Buttermilch, 1 TL Honig, 1 Prise Salz, Eiswürfel oder crushed ice.

Zubereitung (ca. 10 Minuten): Beeren verlesen und vorsichtig waschen. Pfefferbeeren mahlen. Vanilleschote mit einem scharfen Messer längs halbieren, Vanillemark herauskratzen. Beeren, Rosa Pfefferbeeren und Vanillemark mit Rosenblüten, Buttermilch, Honig und 1 Prise Salz pürieren. Mit Eiswürfeln oder crushed ice auffüllen und erneut mixen.

Um sie für einen Tee oder einen Smoothie verwenden zu können, müssen die Rosenblätter unbehandelt sein und im getrockneten Zustand vorliegen.

Gar nicht pfeffrig

Das zart-süßliche Aroma der Rosenblütenblätter steht im Kontrast zum leicht bitteren Geschmack der Rosa Pfefferbeeren. Bei ihnen handelt es sich um die Früchte des Brasilianischen Pfefferbaums. Botanisch gesehen werden sie daher nicht zur Pflanzenart Pfeffer gezählt. Ihr Aroma erinnert ein wenig an Wacholderbeeren, zugleich muten die Rosa Pfefferbeeren leicht holzig an. Im Gegensatz zu vielen anderen Pfefferbeeren fällt ihr Geschmack nicht allzu scharf aus, sondern eher lieblich, fast schon süß. Daher kann die Pfeffersorte zugleich bei süßen und salzigen Gerichten, z. B. Geflügelgerichten oder Chutneys, zum Einsatz kommen. Damit das Aroma nicht verloren geht, sollten Rosa Pfefferbeeren stets lichtgeschützt und trocken gelagert werden. Es empfiehlt sich, die Beeren, die gern auch als Weihnachtsbeeren bezeichnet werden, in einer luftdichten Dose aufzubewahren.

Spargel

Pünktlich im Frühling beginnt jedes Jahr die Spargelsaison. Bis zum 24. Juni gelangen die weißen oder grünen Stangen in nur allen erdenklichen Formen auf den Mittagstisch, sei es pur, angereichert mit Sauce hollandaise oder als Suppe. Doch auch zu einem Smoothie verarbeitet macht Spargel eine gute Figur. Wie aromatisch er schmeckt, hängt von der Spargelsorte ab. Weißer Spargel, bei dem die Triebe geerntet werden, bevor sie die Oberfläche durchstoßen, überzeugt dank der ätherischen Öle und dem Vanillin mit einem fein-milden

Spargel

Zutaten für 4 Portionen: 2 Bananen, 2 Mangos, 1 Bund Spargel, eine Handvoll Babyspinat, 10 Datteln, Eiswürfel oder crushed ice.

Zubereitung (ca. 10 Minuten): Bananen schälen und klein schneiden. Mangos schälen und links und rechts vom harten Kern zwei gleich große Teile abschneiden. Mit einem Löffel das Fruchtfleisch aus den beiden Hälften lösen, dabei nah an der Schale entlangfahren. Fruchtfleisch herausheben und klein schneiden. Spargel mit einem Spargel- oder einem Sparschäler schälen. Holzige Enden entfernen. Babyspinat putzen, waschen, trocken schütteln und zerrupfen. Datteln waschen. Obst und Gemüse pürieren. Mit Eiswürfeln oder crushed ice auffüllen und erneut mixen.

Aroma. Dem grünen Spargel ist hingegen ein kräftiger Ton eigen. Die beiden Sorten unterscheiden sich nicht nur hinsichtlich des Geschmacks, sie sind auch unterschiedlich teuer. Weißer Spargel muss bestimmten Anforderungen genügen und wird mit Blick auf sein Aussehen, auf die Länge und den Durchmesser in unterschiedliche Güteklassen einsortiert. Je höher die Güteklasse, desto höher der Preis. Diese Einteilung gilt jedoch nicht für grünen Spargel, der nicht klassifiziert wird.

Perfekt bei jeder Diät

Der hohe Kalium-, Kalzium- und Phosphorgehalt, die Vitamine A, B1, B2 und C sowie die Asparaginsäure machen Spargel zu einem besonders gesunden Gemüse. Der Gehalt an Vitamin A und C ist im grünen Spargel höher als im weißen Spargel. Die Vitamine verlieren jedoch mit langer Lagerzeit ihre Wirkung. Daher sollte Spargel stets frisch verzehrt werden. Da Spargel, der auch als Asparagus bezeichnet wird, generell arm an Kohlenhydraten ist, kann er ohne Folgen auch von Diabetikern genossen werden. Wer Wert auf seine Figur legt, darf bei Spargel gern zuschlagen, denn er ist besonders kalorienarm. Mitunter lässt sich auch violett gefärbter Spargel finden. Hierbei handelt es sich meist um weißen Spargel, deren Köpfchen, welche die Erde bereits durchbrochen hatten, durch Sonneneinstrahlung verfärbt wurden.

Waldmeister-Honigmelone

Eine erfrischende Maibowle darf auf keiner Gartenparty fehlen. Wer auf Alkohol, aber nicht auf Waldmeister verzichten möchte, präsentiert seinen Gästen einfach einen Waldmeister–Honigmelone-Smoothie. Im Handumdrehen wird aus Waldmeister in Verbindung mit Honigmelone, Mango, Banane und Eiswürfeln ein schmackhafter Powerdrink, den auch Kinder trinken können. Waldmeister muss nicht zwangsläufig im Supermarkt gekauft werden, sondern kann in lichten Laubwäldern ab Mitte April selbst gepflückt werden. Das Zeitfenster zum Pflücken ist jedoch relativ kurz: Waldmeister blüht nur bis in den Mai hinein. Zu erkennen ist er an seinen lan-

Waldmeister-Honigmelone

Zutaten für 4 Portionen: 1 Honigmelone, 1 Mango, 1 Banane, Blätter von 2 Stängeln Waldmeister, 1 EL brauner Zucker, Eiswürfel oder crushed ice.

Zubereitung (ca. 10 Minuten): Mit einem scharfen Messer die Honigmelone halbieren und Fruchtfleisch herauslösen. Mango schälen und links und rechts vom harten Kern zwei gleich große Teile abschneiden. Mit einem Löffel das Fruchtfleisch aus den beiden Hälften lösen, dabei nah an der Schale entlangfahren. Fruchtfleisch herausheben und klein schneiden. Banane schälen und klein schneiden. Waldmeisterblätter waschen und trocken tupfen. Honigmelonen- sowie Mangofruchtfleisch, Banane und Waldmeisterblätter mit Zucker pürieren. Mit Eiswürfeln oder crushed ice auffüllen und erneut mixen.

Tipp

Der übermäßige Genuss von Waldmeister kann zu Kopfschmerzen führen.

zenartigen Blättern und seinem unnachahmlichen Duft. Kurz bevor Waldmeister in der Blüte steht, sollte er gepflückt werden, da er dann das größte Aroma versprüht. Das Labkraut verfeinert nicht nur Getränke, sondern hilft dank des enthaltenen Kumarins auch gegen Kopfschmerzen. Zudem wird es gern bei innerer Unruhe und Schlaflosigkeit eingesetzt. Es wirkt zugleich krampflösend.

Süß wie Honig

Der Powerdrink wird auf natürliche Weise gesüßt, indem ihm das Fruchtfleisch einer Honigmelone zugefügt wird. Das leckere Kürbisgewächs wird auch als Zuckermelone bezeichnet. Von anderen Melonenarten unterscheidet es sich durch seine hellgelbe Schale und den honigartigen Geschmack. Wie auch die Wassermelone weisen Honigmelonen einen hohen Wasseranteil auf und sind kalorienarm – der perfekte Durstlöscher im Sommer. Wegen ihres hohen Fruchtzuckeranteils sind sie süßer als Wassermelonen, weisen aber auch einen nur unwesentlich höheren Kaloriengehalt auf. Wenn sich die Möglichkeit bietet, sollte auf einen Schluck vom Waldmeister-Honigmelone-Smoothie nicht verzichtet werden, denn das in der Honigmelone enthaltene Provitamin A wird im Körper zu Vitamin A umgewandelt. Es befördert das Zellwachstum und unterstützt das Sehvermögen.

Zitronenmelisse-Eistee

Ob selbst gemacht oder im Supermarkt gekauft, Eistee in den verschiedensten Sorten verspricht im Sommer die perfekte Erfrischung. Eine gesunde Note erhält der Zitronenmelisse-Eistee-Smoothie durch die Zugabe von Magermilchjoghurt und Himbeeren. Künstliche Eistees enthalten oft eine große Menge Zucker, besonders die Sorten Pfirsich und Zitrone sind davon betroffen. Bei diesen Produkten wird meist nur Zuckerwasser mit ein wenig Aroma versetzt. Fruchtsaft ist meist gar nicht zu finden. Daher bietet es sich an, den Eistee selbst herzustellen. Für Zitroneneistee z. B. müssen zwölf Teelöffel Schwarztee mit einem Liter Wasser aufgekocht werden. Den Tee für rund

Zitronenmelisse-Eistee

Zutaten für 4 Portionen: 350 g Himbeeren, 12 Blätter Zitronenmelisse, 300 g Magermilchjoghurt, 2 Päckchen Vanillezucker, 250 ml Zitroneneistee, Eiswürfel oder crushed ice.

Zubereitung (ca. 10 Minuten): Himbeeren verlesen und vorsichtig waschen. Zitronenmelisse waschen und trocken tupfen. Himbeeren und Zitronenmelisse mit Magermilchjoghurt, Vanillezucker und Zitroneneistee pürieren. Mit Eiswürfeln oder crushed ice auffüllen und erneut mixen.

drei Minuten ziehen lassen. Den Saft von drei Zitronen zugeben und mit 100 g Zucker auffüllen. Mit Zitronenscheiben garnieren und mithilfe von Eiwürfeln kühlen.

Ein Hauch Zitrone

Verfeinert werden der Eistee sowie der gesamte Smoothie mit einigen Blättern Zitronenmelisse. Die ätherischen Öle in der Zitronenmelisse sorgen für einen angenehmen, zitrusartigen Duft und eine beruhigende Wirkung. Der Lippenblütler hilft besonders bei nervösen Empfindungen oder Angstzuständen. Auch bei Schlafproblemen zeigt er Wirkung. Bei Blähungen und Völlegefühlen ist der Verzehr von Zitronenmelisse nicht verkehrt, denn die Muskulatur des Darms wird durch das Kraut entspannt. Wer unter Lippenherpes leidet, sollte beim Powerdrink nicht auf Zitronenmelisse verzichten, denn das Heilkraut soll die Herpes-simplex-Viren bekämpfen. Bei Appetitlosigkeit ist das Kraut eine gute Wahl, denn es regt die Speichelproduktion an und fördert die Verdauung. Da Zitronenmelisse keine Säure beinhaltet, ist sie leicht verträglich und passt zu zahlreichen Gerichten. Die Blätter sollten stets frisch eingesetzt werden, da sie beim Trocknen oder Kochen an Aroma verlieren und zudem schnell braun werden.

Ananas

Ihr Verzehr löst eine positive Stimmung aus und liefert neue Energie. Ananas regen den Stoffwechsel sowie die Entsäuerung an und regulieren den Säure-Basen-Haushalt.

Apfel

Lösliche und unlösliche Ballaststoffe im Apfel sorgen dafür, dass der Cholesterinspiegel gesenkt wird. Die Niacinsäure sowie die zahlreichen Vitamine unterstützen den Stoffwechsel.

Aprikose

Durch den Verzehr von Aprikosen kann Müdigkeitserscheinungen entgegengewirkt werden. Die Früchte sollen vor Tumorbildungen und Krebs schützen. Sie stärken das Immunsystem und die Konzentrationsfähigkeit.

Avocado

Die exotische Frucht enthält hochwertiges Pflanzenfett sowie gesunde, ungesättigte Fettsäuen. Avocados beinhalten wichtige B-Vitamine.

Babyspinat

Die Sorte wird besonders früh geerntet. Zu diesem Zeitpunkt ist der süß-bitter schmeckende Babyspinat meistens noch nicht reif.

Banane

Nach dem Genuss von leicht grünlichen Bananen stellt sich schnell ein Sättigungsgefühl ein. Den Körper versorgt der enthaltene Fruchtzucker mit neuer Energie. Zugleich sind Bananen als natürliches Süßungsmittel geeignet.

Basilikum

Die Pflanze aus der Familie der Lippenblütler kommt häufig bei Kopfschmerzen und Migräneanfällen zum Einsatz.

Birne

Der Wasserhaushalt im Körper wird durch Birnen reguliert. Das süße

Obst setzt den Verdauungsprozess in Gang und sorgt für einen ausgeglichenen Wasserhaushalt. Auch die Blutbildung wird unterstützt.

Blutorangen

Die rotfleischige Variante der Orangen soll das Risiko an Krebs zu erkranken reduzieren. Dank der zahlreichen Vitamine und Ballaststoffe wirken Blutorangen entzündungshemmend.

Brennnessel

Das Heilkraut verschafft bei Blasen- oder Prostatabeschwerden Linderung und mildert Arthritis. Brennnessel wird u. a. bei Müdigkeitserscheinungen eingesetzt, da sie einen hohen Eisenanteil aufweist.

Brombeeren

Die Beerenfrüchte gelten als die Früchte mit dem höchsten Provitamin-A-Gehalt, der sich positiv auf die Sehkraft auswirkt. Brombeeren schützen die Zellen.

Chilischoten

Der Körper schüttet beim Verzehr von Chilischoten Glückshormone aus. Ihr Vitamin-C-Gehalt ist doppelt so hoch wie der von Zitronen.

Chinakohl

Die mutmaßliche Kreuzung aus einer Rübenart und dem chinesischen Blattgemüse Pak-Choi ist leicht verdaulich und befördert einen ausgeglichenen Wasserhaushalt.

Datteln

Die Früchte der Echten Dattelpalme helfen bei Schlafstörungen. Sie können auch von Diabetikern genossen werden.

Drachenfrucht

Das wasserhaltige Obst unterstützt die Eisen- und Knochenbildung. Es ist reich an Kalzium und Eisen.

Erdbeere

Die roten Früchte sind besonders kalorienarm und weisen einen hohen Vitamin-C-Gehalt auf. Die Abwehrkräfte werden durch den Verzehr von Erdbeeren unterstützt, das Krebsrisiko erheblich gemindert.

Estragon

Französischer Estragon schmeckt besonders würzig, Russischer Estragon weist ein herb-bitteres Aroma auf. Beide regen die Bildung der Magensäfte an.

Feigen

Die frisch geernteten Exemplare verfügen über sättigende Ballaststoffe. Wichtige Inhaltsstoffe finden sich im Fruchtfleisch sowie in den Kernen.

Feldsalat

Die Kulturpflanze weist von allen Salatsorten den höchsten Vitamin-C-Gehalt auf. Feldsalat ist besonders kalorienarm und beinhaltet reichlich Kalzium und Folsäure.

Fenchel

Es wird zwischen Bitter- und Süßfenchel unterschieden. Beide sind reich an Kalzium und verschiedenen Vitaminen. Die ätherischen Öle im Fenchel helfen gegen Schnupfen und Husten.

Friséesalat

Der krause Kopf wird zu den Endivien gezählt. Er fördert die Verdauung und regt den Stoffwechsel an.

Galiamelone

Die aromatisch-süße Melonenart zählt zu den Netzmelonen und ist eine Variante der Zuckermelone. Der hohe Kaliumgehalt hat eine entwässernde Wirkung. Galiamelonen weisen wenige Kalorien auf.

Gartenkresse

Die würzig-scharfe Gartenkresse regt den Stoffwechsel an und wirkt aufmunternd. Der Kreuzblütler verhindert die Entzündung der Harnorgane. Die ätherischen Öle erleichtern die Atmung.

Granatapfel

Die appetitanregenden Bitterstoffe in den kalorienarmen Früchten fördern die Verdauung. Gleichzeitig wird die Fettverdauung angeregt. Der Verzehr von Granatäpfeln verhindert einen hohen Blutdruck.

Grapefruit

Die Früchte sind eine Kreuzung aus Orangen und Pampelmusen. Grapefruits werden in rote und weiße Grapefruits eingeteilt. Die Inhaltsstoffe senken den Cholesterinspiegel.

Grünkohl

Das nährstoffreiche Gemüse beliefert den Körper mit reichlich Eisen und Proteinen. Die enthaltenen Antioxidantien sowie die sekundären Pflanzenstoffe verhindern verschiedene Erkrankungen.

Guave

Ihr orange, hellgelb, rosarot oder weiß gefärbtes Fruchtfleisch ist besonders zart. Die Kerne der Vitamin-C-reichen Früchte können mitverzehrt werden.

Gurke

Das Gemüse besteht zu rund 95 Prozent aus Wasser. Das Kürbisgewächs ist besonders kalorienarm und hat eine entwässernde Wirkung. In der Schale stecken verschiedene B-Vitamine sowie Zink, Eisen, Kalzium und Phosphor.

Haselnuss

Über reichlich Kalzium sowie gesunde Fette verfügen Haselnüsse. Auch ihr Vitamin- sowie Eisengehalt fällt besonders hoch aus.

Heidelbeere

Das im Volksmund auch als Blaubeere bezeichnete Obst hat eine entzündungshemmende Wirkung. Heidelbeeren schützen die Körperzellen und das Immunsystem gegen angreifende Bakterien und wirken wie ein Antibiotikum.

Himbeere

Es wird zwischen Sommerhimbeeren (Ernte Juni bis August) und Herbsthimbeeren (Ernte August bis November) unterschieden. Sommerhimbeeren sind besonders aromatisch, Herbsthimbeeren weniger süß. Beide Sorten stärken das Immunsystem.

Honigmelone

Das enthaltene Provitamin A befördert das Zellwachstum und unterstützt das Sehvermögen. Honigmelonen weisen nur wenige Kalorien auf.

Ingwer

Bei Reiseübelkeit oder Schmerzen aller Art ist Ingwer ein beliebtes Heilmittel. Seine Inhaltsstoffe hemmen Entzündungen und unterdrücken den Brechreiz.

Johannisbeere

Der in schwarzen Johannisbeeren enthaltene sekundäre Pflanzenstoff Anthocyan fängt freie Radikale in den Körperzellen ab. Johannisbeeren senken den Blutdruck sowie den Cholesterinspiegel.

Kaktusfeige

Die Früchte weisen einen hohen Anteil an verschiedenen Ballaststoffen auf. Kaktusfeigen sind besonders fettarm und reich an Vitamin C. Sie senken den Blutzuckerspiegel sowie den Blutdruck.

Kardamom

Das exotische Gewürz zählt zu den Ingwergewächsen. Es stärkt das Herz und mildert Knoblauchgeruch. Die ätherischen Öle befördern die Verdauung und lindern Magenschmerzen.

Kirsche

Bei Schlafstörungen hilft der Verzehr der vitaminreichen Früchte. Kirschen, die reich an wichtigen Mineralstoffen sind, bekämpfen Übergewicht sowie Fetteinlagerungen und haben eine allgemein entwässernde Wirkung.

Kiwi

Erhältlich sind die leicht säuerlich anmutenden Früchte meist in den Sorten Kiwi Gold mit gelbem Fruchtfleisch und Kiwi Green mit grünem Fruchtfleisch. Kiwis sind reich an Vitamin C und besonders kalorienarm.

Kohlrabi

Die Bitterstoffe im Kohlrabi sorgen dafür, dass der Sättigungsprozess schneller eintritt und Heißhungerattacken eingedämmt werden. Die Fettverdauung wird durch Kohlrabi angeregt.

Kokosnuss

Kokosnüsse gelten als vollständige Lebensmittel, von denen sich ein Erwachsener über einen längeren Zeitraum ernähren kann, ohne dass Mangelerscheinungen eintreten.

Koriander

Entzündungen werden durch die sekundären Pflanzenstoffe in der Heil- und Gewürzpflanze gelindert. Auch bei Magen-Darm-Erkrankungen hilft Koriander weiter.

Kürbis

Am bekanntesten sind der birnenförmige Butternut mit buttrigem Aroma und der orange leuchtende Hokkaido, dessen Schale mitverzehrt werden kann.

Limette

Sie ist die kleine Schwester der Limone. Ihr Vitamin-C-Gehalt ist besonders hoch. Vor allem Key-Limetten, die über gelbes Fruchtfleisch verfügen, sind sehr saftreich. Limetten unterstützen die Abwehrkräfte.

Litschi

Das Kalium in den Früchten unterstützt die Erregbarkeit der Muskel- und Nervenzellen. Das wasserhaltige Obst ist reich an Magnesium und Folsäure.

Löwenzahn

Die Galleproduktion in der Leber wird ebenso angeregt wie die Auflösung von Gallen- und Nierensteinen. Die Pflanze hilft gegen Appetitlosigkeit und lindert Rheumabeschwerden.

Mandarine

Die kalorienarmen Früchte wirken Übergewicht entgegen, indem sie überflüssiges Fett verbrennen und die Ansammlung von Fett in der Leber verhindern. Mandarinen vermindern Arterienverkalkungen.

Mandeln

Die Regeneration des Bindegewebes sowie der Stoffwechsel werden durch die zahlreichen Spurenelemente und Mineralstoffe angeregt. Mandeln weisen einen hohen Gehalt an Vitamin A und E auf.

Mango

Die Früchte nehmen Einfluss auf die Darmtätigkeit und helfen daher vor allem bei Magen-Darm-Problemen. Da Mangos säurearm sind, sind sie leicht verträglich.

Mangold

Es wird zwischen Blatt- und Stielmangold unterschieden. Mangold ist eine Kulturform der Wilden Rübe. Das Blattgemüse unterstützt die Knochenbildung sowie die Blutgerinnung.

Minze

Die Würz- und Heilpflanze hilft bei Magenproblemen. Zudem hat sie eine krampflösende Wirkung und mildert Schmerzen verschiedenster Art.

Mirabellen

Die gelben Früchte sind eng mit Pflaumen verwandt. Sie sind reich an Kalium, das die Verdauung fördert und entwässernd wirkt.

Möhre

Das an Betacarotin reiche Gemüse ist leicht verdaulich und befördert die Verdauung. Der Verzehr hat positive Auswirkungen auf die Sehkraft.

Mungobohnensprossen

Die Sprossen der Mungobohnen weisen einen hohen Anteil an Eisen, Kalium, Kalzium, Kupfer, Magnesium sowie den Vitaminen C und E auf. Sie senken den Blutdruck und schützen vor Herz-Kreislauf-Erkrankungen.

Muskatnuss

Das Gewürz hilft bei Schlafstörungen und stärkt die Nerven. Es hat eine beruhigende Wirkung und verbessert die geistige Leistungsfähigkeit. Durch die Muskatnuss wird die Verdauung angeregt.

Nektarine

Die süßen Früchte sind reich an Kalium und weisen einen niedrigeren Wassergehalt als Pfirsiche auf. In ihnen lassen sich reichlich Magnesium, Natrium, Phosphor, Kalzium und Kalium finden.

Orange

Besonders saftreich sind Blondorangen, die besonders süß schmecken. Die Vitamin-C-reichen Früchte sind ausgesprochen kalorienarm und beugen Gelenkerkrankungen vor.

Oregano

Die Heil- und Gewürzpflanze tötet Bakterien ab und hilft bei Keuchhusten sowie Rachenentzündungen. Sie bekämpft Pilzinfektionen und Erkältungen.

Pampelmuse

Die Zitrusfrucht senkt den Cholesterinspiegel sowie den Blutdruck. Pampelmusen verstärken die Wirkung vieler Medikamente.

Papaya

Die leicht verträgliche und säurearme Frucht strafft die Haut, da sie entwässernd wirkt. Durch den Verzehr von Papayas wird im Körper Eiweiß abgebaut und die Verdauung angeregt.

Paprikaschote

Sie ist reich an Vitamin C und Betacarotin. Ihre Inhaltsstoffe, u. a. Flavonoide, fangen freie Radikale ab und vermindern das Risiko an Herz-Kreislauf-Beeinträchtigungen zu erkranken.

Petersilie

Die Heilpflanze wird u. a. gegen Frühjahrsmüdigkeit sowie Blasenentzündungen eingesetzt. Petersilie setzt den Verdauungsprozess in Schwung und hat eine belebende Wirkung.

Pfirsich

Die verschiedenen Pfirsichsorten liegen mit gelbem, weißem oder rotem Fruchtfleisch vor. Pfirsiche stärken das Immunsystem sowie das Herz. Sie kräftigen zudem die Gefäße und den Kreislauf.

Pflaume

Mit neuer Energie versorgen Pflaumen den Körper und senken zugleich den Cholesterinspiegel. Pflaumen sind reich an Magnesium, Eisen und Vitamin C.

Physalis

Die süßen Früchte schützen die Zellen und helfen bei Harnwegserkrankungen. Sie wirken reinigend, sind reich an Vitamin C und enthalten viel Phosphor und Kalzium.

Pomelo

Hierbei handelt es sich um eine Kreuzung aus Pampelmuse und Grapefruit. Das kalorienarme Obst enthält viel Vitamin C.

Preiselbeere

Rheumatische Erkrankungen werden durch den Verzehr von Preiselbeeren gelindert. Sie schützen zudem vor Infektionen der Harnblase und der Nieren.

Radicchio

Dank des Bitterstoffes Intybin ist der Verzehr von Radicchio, der besonders kalorienarm ist, hilfreich bei Magen-Darm-Problemen.

Radieschen

Die enthaltenen Senföle regen die Verdauung an und bekämpfen Pilze und Keime, sodass Harnwegsinfektionen meist verhindert werden können.

Römersalat

Die Sorte ist auch als Romanasalat oder Kochsalat bekannt. Römersalat ist reich an Vitamin C.

Rosenblüten

Die Blüten sind reich an gesättigten Fettsäuren, Gerbstoffen und Vitaminen. Sie werden gegen Schwindelanfälle, Heuschnupfen und Kopfschmerzen eingesetzt.

Rosinen

Die getrockneten Weinbeeren versorgen den Körper mit neuer Energie. Die Leistungsfähigkeit kann durch den Verzehr von Rosinen gesteigert werden. Rosinen dienen oft als Nervennahrung.

Rote Bete

Die rote Knolle, die reich an Magnesium, Kalzium und den Vitaminen A, C und K ist, ist ein natürlicher Stimmungsaufheller. Zudem wirkt Rote Bete leistungssteigernd.

Rucola

Unter dem Namen Rauke ist die Gewürz- und Heilpflanze ebenfalls bekannt. Sie hilft bei der Verdauung und hat eine entwässernde Wirkung. Besonders die enthaltene Folsäure schützt vor verschiedenen Krankheiten.

Sellerie

Es wird zwischen Knollensellerie, der sehr intensiv schmeckt, und Staudensellerie, dem eine mild-würzige Note anhaftet, unterschieden. Beide Sorten beeinflussen den Stoffwechsel und senken den Blutdruck.

Spargel

Das vitaminreiche Gemüse weist einen hohen Kalium-, Kalzium- und Phos-

phorgehalt auf. Der Anteil an Vitamin A und C ist im grünen Spargel höher als im weißen Spargel.

Stachelbeere

Das in den roten oder grünen Exemplaren enthaltene Spurenelement Silicium beugt Besenreisern und Krampfadern vor. Stachelbeeren senken den Blutdruck und stärken die Verdauung.

Sternfrucht

Das Obst wird auch als Karambole bezeichnet. Es ist besonders kalorienarm und weist einen hohen Vitamin-C-Gehalt auf.

Tomate

Dem wasserhaltigen Gemüse wird eine altershemmende Wirkung nachgesagt, da es den Alterungsprozess aufschieben soll. Sie liegen in den verschiedensten Farben vor.

Vanilleschote

Das Gewürz verfügt über pilztötende Stoffe und hat eine entzündungshemmende Wirkung.

Echte Vanille hilft bei Schlafstörungen und Angstzuständen.

Waldmeister

Das im Würz- und Heilkraut enthaltene Kumarin bekämpft Kopfschmerzen. Waldmeister mildert innere Unruhe, hilft bei Schlaflosigkeit und wirkt krampflösend.

Wassermelone

Dank des hohen Wassergehalts sind Wassermelonen besonders kalorienarm. Durch das Vitamin A sowie Eisen und Natrium werden die Nieren entwässert und gereinigt.

Weintrauben

Mithilfe von Weintrauben wird überschüssige Flüssigkeit ausgeschwemmt und der Abnehmprozess unterstützt. Die Fruchtsäure in den Beeren unterstützt den Abbau von schädlichen Stoffwechselprodukten und Giftstoffen.

Weiße Rübe

Das Gemüse wird zu den Speiserüben gezählt und ist auch als Herbstrübe bekannt. Es ist kalium- und kalziumreich und weist nur wenige Kalorien auf.

Zimt

Das Gewürz wirkt Völlegefühlen und Blähungen entgegen. Zimt fördert die Darmtätigkeit und reguliert den Blutzuckerspiegel.

Zitrone

Bekannt ist die Frucht für ihren hohen Vitamin-C-Gehalt. Er schützt das Immunsystem und wehrt Erkältungen ab. Zugleich wirkt er antibakteriell.

Zitronenmelisse

Der Lippenblütler hilft bei Lippenherpes, Schlafproblemen, nervösen Empfindungen sowie bei Angstzuständen. Durch Zitronenmelisse wird die Muskultur des Darms entspannt.

Zucchini

Die Kürbisart ist reich an Kalium, verschiedenen Vitaminen und Kalzium. Zucchini sind leicht verdaulich und schützen das Immunsystem vor verschiedenen Krankheiten.

Zuckerrüben

Der natürliche Zuckerlieferant enthält zahlreiche Ballaststoffe, Mineralien und Vitamine. Aus dem Saft der gekochten Rübenschnitzel wird Zuckerrübensirup gewonnen.

G

H

I/J

M

N

T

U

V

Bildnachweis:

Fotolia.com:

Verca 6; lily 8/9; alinamd 10 u.; Inga Nielsen U4 o.l.; 11 o.; StefanieB. 11 u., 80; StockPhotosArt 12 o.; cut 12 u.; Michael Wrede 13 o.; fredja1 13 u.; Natika U1 u.l.; U1 l.2.v.o.; 14 o., 15 o., 29 o., 53 u., 55 o., 62 u., 67 o., 71 o., 102 m., 114 u., 124 o., 136 o., 160 o.l.; volff 14 m., 27 o., 32 u., 50 u., 84 o., 159 o.l., 163 m.l.; Liddy Hansdottir 14 u.; Mariusz Blach 15 m., 22 u.; 42647807 15 u.; M.studio U1 u.r..; 16, 30, 57, 148; Pixelot 17 o.; lantapix 17 2.v.o.; akf 17 u.r.; PhotoSG 17 u.l.; Nitr 18/19, 56; atoss 20 o., 44 m., 55 m., 81 u., 98 u., 106 o., 133 u., 136 m., 141 u., 158 m.l., 160 u.l.; Dionisvera 20 u., 22 o., 39 u., 44 o., 88 o., 91 o., 91 u., 102 o., 104 o., 130 o., 130 2.v.u., 130 u., 141 m., 156 m.r., 162 u.l., 164 o.r.; censoredstudio 21; Elena Schweitzer 23; Christian Jung 24 o., 30, 37 o., 67 u., 116 u., 138, 151 o., 160 m.r.; Elzbieta Sekowska 24 u.; vodolej 25; Africa Studio U1 o.m.; U4 l.2.v.o.; 26, 38, 57, 116 o., 117 o., 161 u.l., 167 m.l.; 60926310 27 m., 104 m., 139 m.; 61322089 27 u., 162 m.r.; Irina Schmidt 28; Natika 71 o.; 46606379 29 u., 164 u.l.; Velislava Dimitrova 31; Roman Samokhin 32 o., 93 o., 161 o.l., 166 o.l.; 52199085 33; denira 34 o.; Tim UR 34 u., 81 m., 157 m.l.; tashka2000 U4 r.2.v.u.; 35, 87; mayamo U1 o.r.; 36, 95; EM Art 37 m., 79 u., 167 u.r.; tolism 37 u.; Serhiy Shullye 39 o., 50 o., 161 m.r., 163 u.l.; raddmilla 40; Alex Tihonov 41; margo555 42 o., 42 u., 58 u., 64 o., 70 u., 128 m., 159 u.r.; Boris Ryzhkov 43, 69; Malyshchyts Viktar U4 r.2.v.o.; 44 u., 58 o., 156 o.l., 156 u.r.; Valentina R. 45; Konstiantyn 46/47; spaxiax 48 o., 60 m.; Timmary 48 u., 122 u.; kostrez U1 l.2.v.u.; 49, 103; Stefan Körber 51; Peredniankina U1 u.m.; 52, 71 u.; Shawn Hempel 53 o., 146 m., 157 m.r.; photocrew U4 u.r.; 53 m., 55 u., 60 o., 70 m., 79 o., 82, 102 u., 106 u., 112 o., 114 o., 128 o., 153 o., 158 o.r., 165 o.r., 166 o.r.; karandaev U4 o.r.; U4 u.l.; 54 o., 119 u.; doncarlo 54 u.; Unclesam 59 o.; olyina 59 u., 66; womue 60 u., 79 m., 122 m.; Printemps 61; Barbara Pheby 62 o., 88 u., 167 u.; Giuseppe Porzani 62 m., 165 o.l.; bit24 63; Scisetti Alfio 64 m., 132 m., 163 m.r.; msk.nina 64 u.; Sea Wave 65, 112 u., 136 u.; dusk 67 2.v.o.; Thomas Francois 67 2.v.u.; Irina Ukrainets 68; Xavier 70 o., 167 o.r.; tanjichica 72/73, 92, 134; ExQuisine 74 o., 93 u., 98 o., 109 o., 124 m., 146 o.; mates 74 m.; ninell 74 u.; jacekbieniek 75; wiangya U4 o.m.; 76 o., 157 u.r.; uckyo 76 u.; markuso 77; Susan Brooks-Dammann 78; rdnzl 81 o., 149 u.; Aenne Bauck 82; pilipphoto 83; silencefoto 84 u., 158 u.r.; baibaz 85; fandrew 86 o., 162 o.l.; Gresei 86 u., 163 u.r.; Karina Baumgart 89; VICUSCHKA 90; Fotolyse 94; Dessie 96; eyewave 97 o., 166 u.l.; Lucas Nestler 97 m., 159 o.r.; lantapix 97 u.; Rob Stark 99; efired 100/101; Jiri Hera 104 u. 139 u.; Ermolaev Alexandr 105; Stéphane Le Blan 107; govindji 108; A_Bruno 109 m.; andriigorulko 109 u.; ID1974 110; kiboka 111; pashyksv 113; picsfive 114 m.; aessefotografia 115; Kitty 117 u.; Ruslan Olinchuk 118; orior 119 o., 161 u.r.; wittybear 120; vanillaechoes 121, 150; MIGUEL GARCIA SAAVED U1 o.l.; 122 o.; Brent Hofacker 123; stockphoto-graf 124 u.; Chong Lee Lian 125; Anyka 126/127; Mara Zemgaliete 128 u.; wanchai 129; kornienko 130 2.v.o.; Michael Tewes 131; Lucky Dragon 132; Igor Tarasov 133 o.; DLeonis 135; Little_wine_fly 137; Handmade-Pictures 139 o.; MSPhotographic 140; Natalia Merzlyakova 141 o.; stockcreations U1 r.2.v.u.; 142; Alexandr 143; blende40 144 o.; Diana Taliun 144 u.; Meliha Gojak U4 l.2.v.u.; 145 o.; ifeelstock 145 u.; oksanka 146 u.; tycoon101 147; fotoknips 149 o., 165 u.r.; nikitos77 U1 r.2.v.o.; 149 m.; unverdorben 151 u.; robert lerich 152; yonel 153 u.; Simone Andress 154; irkavydumka 155, odze 164 u.r.; Inga Nielsen U4 o.l.;

Wikipedia/Wikimedia Commons:

Terence 10 o.